INVENTAIRE
Y² 30310

Les Ortis

COLLECTION MICHEL LÉVY

ŒUVRES COMPLÈTES

D'ALEXANDRE DUMAS

ŒUVRES COMPLÈTES D'ALEX. DUMAS
PUBLIÉES DANS LA COLLECTION MICHEL LÉVY

Acté... 1	Impressions de voyage :
Amaury... 1	— Quinze jours au Sinaï... 2
Ange Pitou... 2	— En Russie... 4
Ascanio... 2	— En Suisse... 3
Aventures de John Davys... 2	— Le Speronare... 4
Les Baleiniers... 2	— La Villa Palmieri... 1
Le Bâtard de Mauléon... 3	— Le Véloce... 2
Black... 1	Ingénue... 2
La Bouillie de la comtesse Berthe. 1	Isabel de Bavière... 2
La Boule de neige... 1	Italiens et Flamands... 2
Bric-à-Brac... 2	Ivanhoe de Walter Scott (trad). 2
Un Cadet de famille... 3	Jacques Ortis... 1
Le Capitaine Pamphile... 1	Jane... 1
Le Capitaine Paul... 1	Jehanne la Pucelle... 1
Le Capitaine Richard... 1	Louis XIV et son Siècle... 4
Catherine Blum... 1	Louis XV et sa Cour... 2
Causeries... 2	Louis XVI et la Révolution... 2
Cécile... 1	Les Louves de Machecoul... 3
Charles le Téméraire... 2	Madame de Chamblay... 2
Le Chasseur de sauvagine... 1	La Maison de glace... 2
Le Château d'Eppstein... 2	Le Maître d'armes... 1
Le Chevalier d'Harmental... 2	Les Mariages du père Olifus... 1
Le Chevalier de Maison-Rouge.. 2	Les Médicis... 1
Le Collier de la reine... 3	Mes Mémoires... 10
La Colombe... 1	Mémoires de Garibaldi... 2
Les Compagnons de Jéhu... 4	Mémoires d'une aveugle... 2
Le Comte de Monte-Cristo... 6	Mémoires d'un médecin. — J. Balsamo... 5
La Comtesse de Charny... 6	Le Meneur de loups... 1
La Comtesse de Salisbury... 2	Les Mille et un Fantômes... 4
Les Confessions de la marquise.. 2	Les Mohicans de Paris... 4
Conscience l'innocent... 2	Les Morts vont vite... 2
La Dame de Monsoreau... 4	Napoléon... 1
La Dame de Volupté... 2	Une Nuit à Florence... 1
Les Deux Diane... 3	Olympe de Clèves... 3
Les Deux Reines... 2	Le Page du duc de Savoie... 2
Dieu dispose... 2	Le Pasteur d'Ashbourn... 1
Le drame de Quatre-Vingt-Treize. 3	Pauline et Pascal Bruno... 1
Les Drames de la mer... 1	Un Pays inconnu... 2
La Femme au collier de velours. 1	Le Père Gigogne... 2
Fernande... 1	Le Père la Ruine... 2
Une Fille du régent... 1	La Princesse de Monaco... 2
Le Fils du forçat... 1	La Princesse Flora... 1
Les Frères corses... 1	Les Quarante-Cinq... 3
Gabriel Lambert... 1	La Régence... 2
Gaule et France... 1	La Reine Margot... 2
Georges... 1	La Route de Varennes... 1
Un Gil Blas en Californie... 1	Le Salteador... 1
Les Grands Hommes en robe de chambre : — César... 2	Salvator (suite et fin des Mohicans de Paris)... 5
Henri IV, Richelieu, Louis XIII.. 2	Souvenirs d'Antony... 1
La Guerre des femmes... 2	Les Stuarts... 1
Histoire d'un casse-noisette... 1	Sultanetta... 1
Les Hommes de fer... 1	Sylvandire... 1
L'Horoscope... 1	Le Testament de M. Chauvelin... 1
Impressions de voyage :	Trois Maîtres... 1
— Une Année à Florence... 1	Les Trois Mousquetaires... 2
— L'Arabie Heureuse... 3	Le Trou de l'Enfer... 1
— Les Bords du Rhin... 1	La Tulipe noire... 1
— Le Capitaine Arena... 2	Le Vicomte Bragelonne... 6
— Le Caucase... 3	La Vie au désert... 2
— Le Corricolo... 2	Une Vie d'artiste... 1
— Le Midi de la France... 2	Vingt ans après... 3
— De Paris à Cadix... 2	

JACQUES ORTIS

— LES FOUS DU DOCTEUR MIRAGLIA —

PAR

ALEXANDRE DUMAS

NOUVELLLE ÉDITION

PARIS

MICHEL LÉVY FRÈRES, LIBRAIRES ÉDITEURS
RUE VIVIENNE, 2 BIS, ET BOULEVARD DES ITALIENS, 15
A LA LIBRAIRIE NOUVELLE
—
1867
Tous droits réservés

PRÉFACE

Il y a environ trois ans, au moment où j'écris ces lignes, comme je sortais à minuit des coulisses de Saint-Charles, le portier du théâtre me remit mystérieusement un billet parfumé qui contenait en pur toscan cette laconique invitation :

« Si vous voulez connaître M. Alexandre Dumas, venez tout de suite souper avec moi.

» C. M. »

Je traversai en courant les rues de Toledo et de Chiaïa, en homme qui flaire une célébrité de premier ordre; je franchis d'un pas léger la porte de l'hôtel *Vittoria*, et je me disposais à monter rapidement l'escalier, lorsque je m'arrêtai tout à coup, frappé par une réflexion passablement humiliante.

Je ne savais pas un mot de la langue de l'auteur de *Henri III* et de *Christine*, et, d'un autre côté, je connaissais parfaitement avec quel profond dédain les compatriotes de M. Dumas traitent les langues étrangères, sous prétexte que Napoléon a donné des leçons de français à tout le monde. Un moment je songeai au latin, et je me crus sauvé. Mais mon illusion n'eut pas une longue durée; car je réfléchis à la diversité des prononciations, et je me rappelai avec une effroyable lucidité qu'ayant eu l'honneur, quelques années auparavant, d'être présenté à sir Walter Scott, j'avais eu tant de peine à comprendre son latin, que j'aurais presque mieux aimé qu'il m'eût parlé écossais. Il ne me restait que la pantomime, langue excessivement répandue, mais très-peu commode pour une conversation littéraire. Je dois avouer, à ma grande confusion, que, cette fois, je me trompais complétement sur la valeur philologique de MM. les Français. M. Dumas me serra la main avec cette franche cordialité que tout le monde lui connaît, et me parla en italien tout le reste de la nuit. Nous causâmes musique, voyages, littérature; mon étonnement était au comble. M. Dumas appréciait avec une si profonde connaissance les beautés intimes de nos écrivains les plus éminents, que je ne tardai pas à m'apercevoir que l'illustre dramaturge venait en conquérant nous enlever quelqu'un de nos chefs-d'œuvre, et qu'il préméditait son coup avec tant d'adresse, que personne ne pourrait l'obliger à la restitution.

La traduction des *Lettres de Jacopo Ortis* prouve que mes prévisions n'ont pas été trompées. M. Dumas a rivalisé dignement avec Foscolo; Ortis lui appartient de tout droit : c'est à la fois une conquête et un héritage.

La nature, qui se répète souvent dans le type des visages humains, produit aussi de temps à autre des âmes qui se ressemblent comme des sœurs; les intelligences jumelles se rapprochent, se devinent, se complètent mutuellement. Alors, le poëte qui est arrivé le dernier dans l'ordre des temps s'inspire de l'œuvre de son devancier; le même sang coule dans ses veines, les mêmes passions gonflent son cœur : c'est la transformation de l'esprit, c'est le magnétisme du génie. Dans ce cas, le traducteur ne reproduit pas; il crée une seconde fois. M. Dumas n'a eu qu'à tendre l'oreille; une voix vibra dans son cœur. Lequel, des deux poëtes, a écrit le premier? C'est une affaire de date. Quant à l'auteur français, pour voir s'il était dans les conditions favorables pour produire une œuvre éminente, nous n'avons qu'à jeter un coup d'œil rapide, nous ne dirons pas sur l'original, mais sur le sujet qu'il a choisi.

La vie de Foscolo est connue plus que ses ouvrages : c'est un immense roman dont les *Lettres d'Ortis* sont à peine un épisode; c'est une lugubre odyssée dont lui seul, le jeune enthousiaste, aurait pu être à la fois l'Ulysse et l'Homère. Jeté par l'exil sur une terre étrangère, il a acquis la triste célébrité du malheur. Comme Jean-Jacques, comme Byron, comme tous les génies exceptionnels, il n'a fait que reproduire exactement ce qui se passait dans son cœur. Sans cette fièvre dévorante qui leur brûle les lèvres et leur déchire la poitrine, pourquoi ces infortunés sublimes consentiraient-ils à se révéler à la foule ? Pour la gloire ? Ils la méprisent. Pour l'humanité ? Ils la détestent. Leur muse, c'est la douleur; leur chant, c'est un cri de l'âme.

Jamais homme n'a été plus de fois dans sa vie élevé sur l'autel ou jeté dans la poussière. Grec par naissance, Vénitien par adoption, appartenant ainsi aux deux plus nobles et plus malheureuses républiques, un jour il était proclamé le citoyen le plus courageux, le plus indépendant, le plus dévoué; le lendemain, il était persécuté de ville en ville, regardé comme étranger dans son pays natal, traqué comme une bête fauve. Tantôt rayonnant sur une chaire, environné d'élèves frémissants qui applaudissaient à sa fougueuse éloquence, à ses sublimes regrets, à ses sarcasmes envenimés; tantôt dans les enfoncements d'un parc, l'épée ou le pistolet à la main, obligé de rendre laids et risibles à jamais ceux qui avaient osé rire de sa laideur; tour à tour poëte et soldat, offenseur et offensé, il se voyait accueilli avec l'affection la plus sincère, ou repoussé par le dédain le plus accablant. Souvent la bizarrerie du sort le réduisait à un tel degré de misère, qu'il mourait de froid et de faim. Puis tout à coup, et lorsqu'il pouvait le moins s'y attendre, des palais s'élevaient pour lui comme par la baguette d'une fée; des palais royalement magnifiques, avec des cours pavées de marbre et de porphyre, des parois tendues de satin et de velours, des groupes de statues qui représentaient les Grâces. Là, il passait en réalité des nuits d'orgie et d'amour, comme jamais n'en a rêvé l'imagination la plus effrénée, et, le matin, il se réveillait pauvre et nu sur la voie publique, tandis que ses créanciers lui jetaient un regard de mépris du haut de ses terrasses. Dans cette vie de combats, de désordre et de douleur, s'inspirant par caprice, travaillant par boutade sous l'empire de quelque sentiment profond ou de quelque ironie amère, Ugo Foscolo semait sur sa route ses tragédies, *Ajax* et *Ricciardo*, ses *Commentaires* sur les œuvres de Montecuculli, et *la Chevelure de Bérénice*, son hymne aux Grâces, sa traduction de Sterne, ses études sur Dante et Boccace, le poëme sur les *Tombeaux* et les *Lettres de Jacopo Ortis*.

Ceux qui jugent les hommes et les choses légèrement et d'après les apparences n'ont pas craint d'affirmer que *Jacopo Ortis* n'était qu'une imitation de *Werther*; mais les critiques allemands ont démontré jusqu'à l'évidence qu'il n'existe aucun rapport réel entre ces deux livres, fruits également dangereux et défendus, qui renferment, sous leur écorce rude et empoisonnée, un baume salutaire, miroirs désenchanteurs dans lesquels l'espèce humaine peut se contempler dans sa difformité hideuse, remèdes extrêmes et violents qui doivent opérer la guérison par effet contraire.

Et cependant, quel abime entre Gœthe et Foscolo! Quelle ligne de démarcation profonde la destinée n'a-t-elle pas marquée entre le conseiller allemand, admiré par ses compatriotes, fêté par les princes, applaudi par les peuples, riche de gloire, d'honneurs et de fortune, et l'exilé italien, flétri, exaspéré, poussé à bout! Ortis et Werther sont l'expression de deux haines : l'une dorée, vague, instinctive; l'autre réfléchie, implacable, logique. En un mot, Werther doute, Ortis nie; Werther accuse, Ortis souffre.

Pour bien comprendre le roman de Foscolo, et pour en tirer une conclusion sage et morale, il faudrait que l'ouvrage fût précédé par des mémoires sur la jeunesse de l'auteur, et qu'on pût voir par quels degrés cet enfant si candide et si pur s'est plongé dans le plus sombre désespoir; mais le mystère le plus profond a enveloppé jusqu'à présent les premières années de Foscolo, et tous les soupirs de cette âme jeune et ardente, si pleine d'espérance et de foi, sont restés ensevelis dans le cœur d'un camarade d'enfance auquel il avait confié ses rêves d'avenir. Foscolo, à vingt ans, était pauvre mais heureux. Il partageait la chambre modeste et le repas frugal d'un jeune Vénitien qui est devenu un de nos premiers acteurs, et de la bouche duquel nous tenons ces détails. Le dénûment du pauvre Ugo était si complet, qu'on ne pouvait pas dire de ses chemises que l'une attendait l'autre, car elle aurait attendu en vain. Lorsque son unique *compagne* réclamait les soins de la blanchisseuse, il se jetait dans son lit, et, là, il bénissait Dieu, la nature, la société; il improvisait des vers, il rêvait de gloire, de liberté et d'amour. Il s'était épris pour les chevaux d'une passion frénétique, qui le tourmenta jusqu'au dernier moment de sa vie, et il ne se sentit vraiment heureux que le jour où, ayant recueilli je ne sais quel héritage, il le céda entièrement pour posséder un cheval.

Peu à peu ses illusions disparurent. Sa patrie tomba dans l'avilissement et dans l'esclavage; il fut trahi par les femmes; aucun de ses rêves ne se réalisa. Inquiet, fiévreux, désespéré, il demandait au jeu sa fortune; il déchirait les pages de ses poëmes, donnait une valeur idéale à ces morceaux de papier, et en jetait une poignée sur une carte. Un seul espoir lui restait, comme le dernier rayon du soleil que le mourant cherche de ses yeux hagards : c'était la gloire littéraire à laquelle il avait tout sacrifié, et cette faible lueur d'espérance s'éteignit sous un coup de sifflet.

On donnait *Ajax* au théâtre de la Scala. Hélas ! il ne savait pas, le pauvre Foscolo, que c'est là que les envieux se donnent rendez-vous pour attendre le poëte dans l'ombre et lui enfoncer le poignard dans le cœur. C'est alors que l'on voit dans le parterre des têtes s'agiter; alors, des rires étouffés, des accès de toux convulsive, des bâillements magnétiques se propagent dans la salle, comme le grondement sourd des vagues en tempête. Les ennemis de Foscolo furent fidèles à leur poste; ils saisirent au vol un mot italien qui, dans sa double signification, voulait dire *habitants de Salamine* ou *saucissons*, et les rires éclatèrent, et le théâtre s'ébranla : la toile tomba au milieu des huées.

C'est la dernière goutte qui fait déborder le vase. L'âme de Foscolo, qui avait passé par tant de tortures, succomba à cette dernière humiliation. Le poëte apostasia. Il croyait à Dieu, mais il le renia pour ne pas l'accuser de tyrannie; il croyait à l'enfer, mais, ne trouvant pas l'abîme assez terrible et assez profond, il s'en creusa un à sa manière : le néant ! On voit le malheureux brûler à petit feu toutes ses illusions et toutes ses croyances une à une. Pour se rendre compte de ce lent et affreux suicide de l'âme, on n'a qu'à jeter les yeux sur un sombre et magnifique tableau, pendant du *Jugement* de Michel-Ange; nous voulons parler des *Tombeaux* de Foscolo.

Suivons cet homme aux cheveux roux et flottants, aux yeux bleuâtres, aux sourcils épais, au front chargé de désespoir; suivons-le dans sa promenade solitaire au milieu des sépultures entr'ouvertes. Il se sentait à l'étroit sur la terre, il étouffait dans l'atmosphère des vivants; sa vaste poitrine ne peut respirer que l'air des tombeaux. Là, comme il se sent à l'aise ! comme il marche d'un pas ferme sur les dalles humides ! comme il rafraîchit son front brûlant à la brise sépulcrale ! Sur le seuil de la voûte souterraine, il rénie la foi des révolutions, il pèse les crânes vides dans le creux de sa main, il sourit d'un rire de mécréant, et s'écrie d'un air hautain et glacial :

« A l'ombre des cyprès et dans les urnes arrosées de larmes, le soleil de la mort est-il moins dur?

Lorsque le soleil aura cessé de féconder pour moi, au sein de la terre, la belle famille des herbes et des animaux; lorsque les heures de l'avenir ne danseront plus devant moi, belles et souriantes, et que je n'écouterai plus le vers de l'amitié et la douce harmonie qui le berce en cadence; lorsque se taira dans mon cœur la voix virginale des Muses et de l'Amour, voix qui soutient ma vie errante, qu'aurai-je, hélas! en échange de mes jours perdus? Une pierre... une pierre qui séparera mes os des os sans nombre que la mort infatigable sème sur terre et sur mer. C'est donc bien vrai! l'Espérance, elle aussi, cette déesse de la dernière heure, s'enfuit des sépulcres; l'oubli enveloppe de sa nuit profonde toutes les choses créées, et une force irrésistible les roule de mouvement en mouvement; et l'homme et ses tombeaux, et ses traits suprêmes, et les restes de la terre et du ciel, sont métamorphosés par le temps. »

Dans ces vers magnifiques, dont nous ne pouvons donner qu'un bien pâle reflet, le poëte arrache de son âme, d'une main sacrilége, le plus grand sentiment de la raison humaine, l'immortalité. Tout à coup une voix plus douce se fait entendre du fond de son cœur dans cette affreuse agonie; c'est peut-être un soupir de quelque amour oublié :

« L'homme ne vit-il pas même sous la terre, quand l'harmonie du jour sera muette pour lui, s'il peut réveiller de suaves regrets dans le cœur de ses bien-aimés ! Oh ! c'est une divine correspondance d'amour, c'est une divine faculté des humains, celle qui nous fait vivre avec le trépassé ; — et le trépassé vit avec nous, si la terre, qui le nourrissait dans son enfance, lui offrant un dernier asile dans son sein maternel, préserve ses reliques sacrées des insultes de l'orage et du pied profane de la populace ; si une pierre garde son nom, et si un arbre console ses cendres de ses ombres bienfaisantes ! L'homme qui ne laisse derrière lui aucun héritage d'affections n'a pas de joie dans sa tombe ; et si, pendant sa vie obscure, il jette un regard au delà de ses obsèques, il voit errer son âme en peine au milieu des complaintes des temples funéraires, ou s'abriter sous les grandes ailes du pardon de Dieu ; mais il lègue sa poussière aux orties d'une grève déserte, où ni femme aimante ne viendra prier, ni passager solitaire n'entendra le soupir que la nature nous envoie du fond du sépulcre. »

Enfin la colère flamboie dans ce cœur ulcéré ; la parole de Foscolo tombe comme une malédiction sur la ville prostituée qui refuse une sépulture à Parini, le saint poëte ! Puis il élève sa pensée à des jours plus heureux, lorsque les tombeaux étaient les temples des pères et les autels des enfants, et se prosterne devant les monuments de Machiavel, de Galilée et de Michel-Ange :

« Moi, ajoute Foscolo d'une voix creuse, moi, lorque je vis le tombeau de ce grand homme qui, brisant le sceptre des rois, en arrache les lauriers, et montre aux peuples de quelles larmes et de quel sang il est sillonné; — et le cercueil de celui qui éleva à Rome un nouvel Olympe à la Divinité; — et de celui qui le premier vit tournoyer, sous le pavillon éthéré, plusieurs mondes éclairés par les rayons d'un soleil immobile, et déblaya les voies du firmament à l'Anglais qui devait y déployer ses ailes : « Toi
» heureuse, » m'écriai-je, « ô Florence ! Ton beau
» ciel est plein d'éclat et de vie; l'Apennin te verse
» de ses monts ses eaux fraîches et pures; la lune
» répand sa lumière limpide sur des collines
» bruyantes; de tes vallées s'élève un parfum de
» fleurs plus pur que l'encens... Toi heureuse, ô
» Florence ! Tu écoutas la première le chant qui
» soulagea le courroux du proscrit gibelin; tu
» donnas les parents et le doux idiome à ce chaste
» enfant de Calliope qui, couvrant d'un voile can-
» dide l'Amour, nu jadis en Grèce et à Rome, le
» remit au sein de la Vénus céleste. — Mais mille

» fois plus heureuse, parce que tu renfermes en un
» seul temple toutes les gloires italiennes, les seules
» peut-être, depuis que les Alpes, mal gardées, et la
» toute-puissance des vicissitudse humaines, nous
» ont ravi armées, richesses, autels, patrie, tout en-
» fin... excepté les souvenirs. »

Dans la nuit sombre de toutes les passions rugissantes, au milieu de tous les écueils auxquels s'est brisée cette âme accablée par la douleur, on ne voit reluire qu'une étoile : l'amour de la patrie. C'est le sentiment qui domine dans les *Lettres de Jacopo Ortis*, car Foscolo a jeté dans ce livre de prédilection toutes ses sympathies, tous ses regrets, tout son désespoir.

Maintenant, nous n'avons que peu de mots à ajouter sur la traduction de M. Dumas. Il n'y avait en France qu'un seul homme qui pût comprendre et traduire *Ortis :* c'était l'auteur d'*Antony*.

PIER-ANGELO FIORENTINO.

Paris, 1ᵉʳ janvier 1839.

JACQUES ORTIS

Des monts Euganéens, ce 11 octobre 1797.

Le sacrifice de notre patrie est consommé; tout est perdu, et la vie, si toutefois on nous l'accorde, ne nous restera que pour pleurer nos malheurs et notre infamie. Mon nom est sur la liste de proscription, je le sais; mais veux-tu que, pour fuir qui m'opprime, j'aille me livrer à qui m'a trahi? Console ma mère; vaincu par ses larmes, je lui ai obéi, et j'ai quitté Venise, pour me soustraire aux premières persécutions, toujours plus terribles. Mais dois-je abandonner aussi cette ancienne solitude où, sans perdre de vue mon malheureux pays, je puis espérer encore quelques jours de tranquillité? Tu me fais frissonner, Lorenzo; combien y a-t-il donc de malheureux? Et, insensés que nous sommes, c'est dans le sang des Italiens que nous, Italiens, lavons ainsi nos mains. Pour moi, arrive que pourra! puisque j'ai désespéré de ma patrie et de moi-même,

Répétition intentionnelle d'une image
NF Z 43-120-4

JACQUES ORTIS

Des monts Eugandens, ce 11 octobre 1797.

Le sacrifice de notre patrie est consommé; tout est perdu, et la vie, si toutefois on nous l'accorde, ne nous restera que pour pleurer nos malheurs et notre infamie. Mon nom est sur la liste de proscription, je le sais; mais veux-tu que, pour fuir qui m'opprime, j'aille me livrer à qui m'a trahi? Console ma mère; vaincu par ses larmes, je lui ai obéi, et j'ai quitté Venise, pour me soustraire aux premières persécutions, toujours plus terribles. Mais dois-je abandonner aussi cette ancienne solitude où, sans perdre de vue mon malheureux pays, je puis espérer encore quelques jours de tranquillité? Tu me fais frissonner, Lorenzo; combien y a-t-il donc de malheureux? Et, insensés que nous sommes, c'est dans le sang des Italiens que nous, Italiens, lavons ainsi nos mains. Pour moi, arrive que pourra! puisque j'ai désespéré de ma patrie et de moi-même, j'attends tranquillement la prison et la mort; mon corps, du moins, ne tombera pas entre des bras étrangers, mon nom sera murmuré par le peu d'hommes de bien, compagnons de notre infortune, et mes os reposeront sur la terre de mes ancêtres.

13 octobre.

Je t'en conjure, Lorenzo, n'insiste pas davantage; je suis décidé à ne point m'éloigner de mes montagnes. Il est vrai que j'avais promis à ma mère de me réfugier dans quelque autre pays, mais je n'en ai pas eu le cœur; elle me pardonnera, je l'espère. D'ailleurs, la vie mérite-t-elle d'être conservée, dans l'avilissement et dans l'exil?... Ah! combien de nos concitoyens gémiront repentants et éloignés de leurs maisons!... Et pourquoi?... Que pouvons-nous attendre, si ce n'est l'indigence, le mépris, ou tout au plus cette courte et stérile compassion que les nations barbares offrent à l'étranger fugitif? Mais où chercherai-je un asile? En Italie?... terre prostituée, toujours prête à subir le joug du vainqueur! et pourrais-je avoir sans cesse devant les yeux ces hommes qui m'ont dépouillé, raillé, vendu, et ne pas pleurer de colère? Dévastateurs des peuples, ils se servent de la liberté comme les papes se servaient des croisades... Oh! que de fois, désespérant de me venger, j'ai voulu m'enfoncer un couteau dans le cœur, pour verser tout mon sang au milieu des derniers gémissements de ma patrie!

Et ces autres!... ils ont mis à prix notre servitude;... ils ont racheté au poids de l'or ce qu'ils avaient stupidement et lâchement perdu par les armes... Tiens, Lorenzo, je ressemble à un de ces malheureux qui, tombés en léthargie, ont été enterrés vivants; et qui tout à coup, revenant à eux, se trouvent au milieu des ténèbres et des ossements, certains de vivre, mais désespérant de revoir jamais la douce lumière de la vie, et contraints de mourir au milieu des blasphèmes et de la faim!... Eh! pourquoi nous laisser entrevoir et toucher la liberté, pour nous la retirer ensuite, et d'une manière aussi infâme?...

16 octobre.

Pour le moment, n'en parlons plus : la bourrasque paraît calmée. Si le péril revient, je tâcherai de m'y soustraire par tous les moyens possibles : du reste, je vis tranquille, tranquille autant que je puis l'être... Je ne vois personne au monde, et je suis toujours errant par la campagne; mais, à te dire le vrai, je pense et je me ronge... Envoie-moi quelques livres.

Que fait Laurette?... Pauvre enfant ! je l'ai laissée hors d'elle-même... Belle et jeune encore, elle a pourtant déjà l'esprit malade et le cœur malheureux. Je n'ai jamais eu d'amour pour elle; mais, soit compassion, soit reconnaissance de ce qu'elle m'avait choisi pour la consoler et pour verser son âme, ses erreurs et ses peines dans mon sein... Je crois vraiment que j'en aurais fait volontiers la compagne de toute ma vie; le sort ne l'a point voulu... Peut-être est-ce pour notre bonheur à tous deux... Elle aimait Eugène, et il est mort entre ses bras. Son père et ses frères ont été forcés de s'expatrier... Et, maintenant, cette pauvre famille, privée de tout secours humain, vit... Dieu sait comment... de larmes, O liberté! voilà encore de tes victimes... Sais-tu, Lorenzo, qu'en t'écrivant je pleure comme un enfant?... Hélas! j'ai presque toujours vécu avec des misérables, et le peu de fois que j'ai rencontré un homme de bien, j'ai eu à pleurer sur lui... Adieu ! adieu !...

18 octobre,

Michel m'a remis Plutarque, et je t'en remercie; il m'a dit que, par une autre occasion, tu m'enverrais quelque autre livre; pour le moment, je n'en ai pas besoin. Avec le divin Plutarque, je pourrai me consoler des crimes et des malheurs de l'humanité en tournant les yeux sur cette petite quantité d'hommes illustres qui, comme les élus du genre humain, ont survécu à tant de siècles et à tant de nations. Je crains bien cependant qu'en les dépouillant de leur magnificence historique et du voile respectueux qui couvre l'antiquité, je n'aie décidément à me louer ni des anciens, ni des modernes, ni de moi-même plus que des autres... Race humaine !

23 octobre.

S'il m'est permis d'espérer la paix, je l'ai trouvée, Lorenzo. Le curé, le médecin et tous les obscurs mortels de ce petit coin de terre, jusqu'aux enfants, me connaissent et m'aiment ; ils m'entourent, aussitôt qu'ils me voient paraître, comme une bête sauvage, mais noble et généreuse, qu'ils voudraient apprivoiser ; quant à présent, je les laisse faire... je n'ai pas eu assez à me louer des hommes, pour m'y fier ainsi au premier abord... Mais c'est que mener la vie d'un tyran qui frémit et tremble d'être frappé à chaque minute, c'est agoniser dans une mort lente et ignominieuse. Souvent, à midi, je m'assieds au milieu d'eux, sous le platane de l'église, et je leur lis la vie de Lycurgue ou de Timoléon ; dimanche dernier, ils s'étaient rassemblés en foule autour de moi, et, quoiqu'ils ne comprissent pas parfaitement ce que je leur lisais, ils m'écoutaient debout et la bouche béante; je crois que le désir de savoir et de redire l'histoire des temps passés est fils de notre amour-propre, qui voudrait se faire illusion sur la durée de la vie en l'unissant aux choses et aux hommes qui ne sont plus, et en les rendant pour ainsi dire notre propriété; l'imagination se complait à posséder un autre univers et à s'élancer dans l'espace des siècles; avec quelle passion un vieux laboureur me racontait, ce matin, l'histoire des curés qu'il avait connus dans sa jeunesse, les ravages d'une tempête arrivée il y a trente-sept ans, les dates des temps d'abondance et de disette, s'interrompant à tout moment, reprenant son récit pour s'interrompre de nouveau, en accusant sa mémoire d'infidélité! C'est ainsi que je parviens à oublier que j'existe encore.

M. T***, que tu as connu à Padoue, est venu me voir; il m'a dit que souvent tu lui avais parlé de moi, et qu'il en était encore question dans la dernière lettre que tu lui as écrite avant-hier. Il s'est aussi retiré à la campagne pour éviter les premières fureurs du peuple, quoique, à te dire le vrai, je crois qu'il ne s'est pas beaucoup mêlé des affaires publiques. J'avais entendu parler de lui comme d'un homme d'un esprit cultivé et d'une probité suprême, qualités qu'on redoutait autrefois, mais qu'aujourd'hui l'on ne possède point impunément. Il a les manières affables, la physionomie ouverte, et parle avec le cœur. Il était accompagné d'un individu que je crois le fiancé de sa fille; c'est peut-être un brave et bon jeune homme; mais sa figure ne dit pas grand'-chose. — Bonne nuit.

24 octobre.

Je viens enfin d'attraper par le collet le mauvais petit garnement qui dévastait notre jardin, en rompant et brisant tout ce qu'il ne pouvait voler; j'étais sous une treille et lui sur un pêcher dont il s'amusait gaiement à casser les branches encore vertes; pour les fruits, il n'y en avait plus. A peine s'est-il vu entre mes mains, qu'il s'est mis à crier miséricorde, et qu'il m'avoua que, depuis plusieurs semaines, il faisait ce misérable métier parce que le frère du jardinier avait, quelques mois auparavant, soustrait un sac de fèves à son père.

— Tes parents, lui dis-je, t'encouragent donc à voler?

— Eh! monsieur, me répondit-il, tous les hommes n'en font-ils pas autant?

Je le laissai aller, et, pendant que, pour s'éloigner de moi, il sautait précipitamment une haie, je m'écriai :

— Voilà la société en miniature, tous les hommes en font autant.

26 octobre.

Je l'ai vue, Lorenzo, la divine jeune fille, je l'ai vue, et je t'en remercie. Je la trouvai assise et occupée à faire son propre portrait; elle se leva comme si elle me connaissait, et ordonna à un domestique d'aller chercher son père.

— Il ne pensait pas, me dit-elle, que vous viendriez sitôt; il sera dans la campagne, mais il ne tardera point à revenir.

Dans ce moment, une petite fille accourut entre ses genoux et lui dit à l'oreille quelques mots que je ne pus entendre.

— C'est un ami de Lorenzo, lui répondit Thérèse : celui que papa alla voir avant-hier.

Sur ces entrefaites, M. T*** rentra; il m'accueillit avec bonté et me remercia de m'être souvenu de lui. Thérèse alors prit sa petite sœur par la main, et se retira avec elle.

— Vous voyez, me dit M. T*** en me montrant ses enfants qui quittaient la chambre, nous voici tous !...

Il prononça ces mots comme s'il avait voulu me faire sentir que sa femme manquait : il ne la nomma point cependant. Après avoir causé quelque temps, je me levai pour sortir; alors, Thérèse rentra.

— Nous sommes voisins, me dit-elle en souriant,

et j'espère que vous viendrez quelquefois passer vos soirées avec nous.

Je revins chez moi le cœur tout en fête. Je crois que le spectacle de la beauté suffit pour adoucir chez nous, pauvres hommes, toutes les douleurs; un nouvel avenir s'est ouvert devant moi; tu peux y voir une source de bonheur... et, qui sait?... peut-être d'infortunes!... Mais qu'importe, ne suis-je pas prédestiné à avoir l'âme dans une éternelle tempête? et n'est-ce pas toujours la même chose?

28 octobre.

Tais-toi, tais-toi! il y a des jours où je ne puis me fier à moi-même ; un démon me brûle, m'agite et me dévore... Peut-être présumé-je trop de moi, mais il me semble que ma patrie ne peut demeurer ainsi opprimée, tant qu'il y restera un homme... Que faisons-nous donc ainsi à vivre et à nous plaindre!... En somme, Lorenzo, ne me parle pas davantage de nos malheurs... Chacune de tes phrases semble me reprocher mon apathie, et tu ne t'aperçois pas que tu me fais souffrir mille martyres... Oh! si le tyran était seul, ou les esclaves moins stupides!... ma main suffirait; mais ceux qui m'accusent aujourd'hui de faiblesse m'accuseraient alors de crime, et le sage lui-même pleurerait sur moi en prenant la résolution d'une âme forte pour la fureur d'un insensé; d'ailleurs, que veux-tu entreprendre contre deux nations puissantes, ennemies jurées éternelles, et qui ne se réunissent que pour nous garrotter? aveuglées, l'une par l'enthousiasme de la liberté, l'autre par le fanatisme de la religion ; et nous, encore tout froissés de notre ancienne servitude et de notre nouvelle anarchie, nous gémissons, vils esclaves, trahis, mourants de faim, sans pouvoir être tirés de notre léthargie ni par la trahison, ni par la famine. Oh! si je pouvais anéantir ma maison, ce que j'ai de plus cher et moi-même, pour ne laisser aucun vestige de leur puissance et de mon esclavage... Eh! n'y eut-il pas des peuples qui, pour ne point subir le joug des Romains, ces voleurs du monde, livrèrent aux flammes leurs maisons, leurs femmes, leurs enfants, et eux-mêmes enfin, ensevelissant sous d'immenses ruines les cendres de leur patrie et leur sainte indépendance !

1er novembre.

Je suis bien, Lorenzo, bien comme un malade qui dort et cesse pour un instant de sentir ses douleurs. Je passe des journées entières chez M. T***, qui m'aime comme son fils; je me laisse aller à l'illusion, et l'apparente félicité de cette famille me semble réelle et mienne : si du moins ce n'était pas à ce mari que Thérèse fût destinée ! je ne hais personne au monde ; mais il y a des hommes que je ne puis voir que de loin. Son beau-père m'en faisait hier un éloge en forme de recommandation. Il était bon, exact, patient, me disait-il. Quoi ! rien autre chose ? Et, possédât-il ces qualités avec une angélique perfection, si son cœur est mort, et, si cette face magistrale n'est jamais animée par le sourire de l'allégresse, ni par le doux silence de la pitié, il me fera toujours l'effet d'un rosier sans fleurs, qui cependant laisse craindre les épines. Voilà l'homme : si tu l'abandones à la seule raison froide et méthodique, il devient scélérat, et scélérat bassement... Du reste, Odouard sait un peu de musique, joue bien aux échecs, mange, lit, dort, se promène, et tout cela la montre à la main ; sa voix ne s'anime jamais que pour me parler de sa bibliothèque, riche et choisie ; mais, quand il va sans cesse me répétant, avec sa voix de docteur, *riche et choisie*, je suis toujours prêt à lui donner un démenti formel. Je crois, Lorenzo, qu'il serait facile de réduire à un millier de volumes au plus toutes les folies humaines, qui, chez tous les peuples et dans tous les siècles, ont été écrites et imprimées sous le nom de science et de doctrine, et je ne vois pas que l'amour-propre des hommes aurait encore trop à se plaindre... Voilà, je crois, assez de dissertations.

En attendant, j'ai entrepris l'éducation de la sœur de Thérèse; je lui apprends à lire et à écrire. Lorsque je suis avec elle, ma figure s'épanouit, mon cœur devient plus gai que jamais, et je fais mille folies : je ne sais pourquoi tous les enfants m'aiment. Il est vrai aussi que cette petite est charmante; ses longs cheveux frisés retombent en boucles dorées sur ses épaules; ses yeux sont de la couleur du plus beau ciel; ses joues blanches, fraîches, potelées, ressemblent à deux roses; enfin, on dirait une Grâce de quatre ans. Si tu la voyais accourir au-devant de moi, grimper sur mes genoux, me fuir pour être poursuivie, me refuser un baiser, puis tout à coup appuyer ses petites lèvres sur les miennes!... Aujourd'hui, j'étais monté sur un arbre pour lui cueillir des fruits; cette chère petite créature me tendait les bras et me priait en grâce de *ne point me laisser tomber*.

Quel bel automne! Adieu Plutarque! il reste constamment fermé sous mon bras. Voilà trois jours que je perds à remplir de raisins et de pêches une corbeille que je recouvre ensuite de feuilles; puis, en suivant le cours du ruisseau, j'arrive à la villa, et je réveille tout le monde avec la chanson des vendanges.

12 novembre.

Hier, jour de fête, nous avons transporté avec solennité sur la montagne, en face de l'église, des pins qui se trouvaient sur une petite colline à côté. Mon père avait déjà essayé de féconder ce petit et stérile coin de terre; mais les cyprès qu'il y avait plantés n'ont pu y prendre racine, et les autres arbres sont encore très-petits. Aidé de plusieurs laboureurs, j'ai couronné le plateau, d'où s'échappe la cascade, de cinq peupliers qui domineront la partie orientale d'un petit bosquet qui sera salué le premier par le soleil lorsqu'il s'élancera splendide à la cime des monts. Hier, il était plus pur qu'à l'ordinaire, et sa chaleur réchauffait l'air engourdi par les brouillards de l'automne, qui s'en va mourant; alors, les paysannes, parées de leurs habits de fête, sont venues nous rejoindre sur le midi, entremêlant leurs jeux et leurs danses de chansons et de toasts : c'étaient les filles, les épouses ou les maîtresses des laboureurs, et tu sais que nos paysans ont l'habitude, lorsqu'ils se livrent à ce travail, de convertir la fatigue en plaisir, persuadés par une ancienne tradition de leurs aïeux et bisaïeux que, sans le choc des verres, les arbres ne pourraient pousser une seule racine dans une terre étrangère... Et moi, m'élançant dans l'immensité de l'avenir, je me représentais un pareil jour d'hiver, lorsque, la tête blanchie par les ans, je me traînerai pas à pas, appuyé sur mon bâton, pour me ranimer aux rayons du soleil, si cher aux vieillards ; saluant, à mesure qu'ils sortiront de l'église, les villageois courbés sous le poids des années, mes anciens compagnons lorsque la jeunesse coulait à flots dans nos veines, et qui me remercieront alors des fruits qu'auront produits, quoique un peu tard, les arbres plantés par mon père. C'est là que je raconterai d'une voix cassée à mes petits-neveux, aux tiens, à ceux de Thérèse, nos simples aventures, qu'ils écouteront en silence et rangés autour de moi ; et, lorsque mes froids ossements dormiront sous ce bosquet, alors riche et ombreux, peut-être que, par un beau soir d'été, au murmure des feuilles agitées par la brise de la nuit, s'uniront les soupirs de mes anciens amis, qui viendront, au son de la cloche des morts, implorer Dieu pour la paix de mon âme, et recommander ma mémoire au souvenir de leurs enfants ; et, si quelquefois le moissonneur, accablé par la chaleur du mois de juin, vient se reposer dans le cimetière, il dira d'une voix émue, en regardant mon tombeau :

— C'est lui qui éleva ces ombres fraîches et hospitalières.

O illusion ! comment celui qui n'a pas de patrie ose-t-il dire où il laissera ses cendres !

> Heureux temps où chacun était sûr de sa tombe ;
> Où, près du lit désert, l'épouse au front voilé
> N'attendait pas en vain son époux exilé !

Vingt fois j'ai commencé cette lettre, et vingt fois je l'ai interrompue... La journée était si belle, j'avais fait la promesse d'aller à la villa... et puis la solitude... et puis... Tu ris ?... Il est pourtant vrai qu'avant-hier, je me suis levé avec la résolution de t'écrire, et je me suis trouvé dehors sans m'en être aperçu.

Il pleut, il grêle, il tonne : je me soumets à la nécessité qui me renferme chez moi, et je profite de cette journée infernale pour te donner de mes nouvelles.

Voilà six ou sept jours que nous avons fait un pèlerinage ; la nature était plus belle que jamais. Thérèse, son père, Odouard, la petite Isabelle et moi, avons été visiter la maison de Pétrarque, à Arqua. Arqua est éloignée, comme tu le sais, de quatre milles du lieu que j'habite ; mais, pour raccourcir la route, nous avons pris le chemin de la vallée. L'aurore promettait la plus belle journée de l'automne : on eût dit que la nuit, suivie des ténèbres, fuyait devant le soleil, qui, dans sa splendeur immense, sortait des nuages de l'orient pareil au dominateur de l'univers : et l'univers souriait. Les nuages dorés et peints de mille couleurs glissaient sur la surface d'un ciel tout d'azur, et s'entr'ouvraient de temps en temps, comme s'ils voulaient laisser tomber sur les mortels un regard de la Divinité. Je saluais à chaque pas la famille des fleurs et des plantes, qui peu à peu soulevaient leurs têtes encore chargées du givre de la nuit; les arbres, avec un murmure délicieux, faisaient trembler à la lumière les gouttes de rosée suspendues à leurs feuilles, tandis que la brise du matin séchait le superflu de l'humidité des plantes. Tu aurais entendu alors une solennelle harmonie se répandre confusément par toute la forêt : c'étaient le bêlement des troupeaux, le murmure du fleuve, le chant des oiseaux, la voix des hommes ; et, pendant ce temps, l'air était parfumé par les exhalaisons que la terre, dans sa joie, envoyait des vallons et des montagnes au soleil... au soleil, roi de la nature. Oh! que je plains le malheureux que tant de bienfaits ne peuvent émouvoir, et qui n'a jamais senti à ce spectacle ses yeux se mouiller des douces larmes de la reconnaissance... Dans ce moment, j'aperçus Thérèse brillante de toutes ses grâces; son visage portait l'empreinte d'une mélancolie douce qui se dissipa peu à peu pour faire place à la joie vive et pure qui lui débordait de l'âme. Sa voix était entrecoupée, ses grands yeux noirs, dans l'immobilité de l'extase, se mouillaient de pleurs; toutes ses facultés paraissaient envahies par la beauté sainte de la campagne. Dans cette plénitude de sensations, les cœurs se cherchent pour se répandre dans les autres cœurs, et alors elle se tourna vers Odouard... Grand Dieu! on eût dit qu'il allait tâtonnant dans les ténèbres les plus épaisses ou au milieu d'un désert abandonné du sourire de la nature. Elle le quitta tout à coup, et s'appuya sur mon bras en me disant... Mais, Lorenzo, à quoi bon continuer, et ne vaut-il pas mieux que je me taise? Ne m'est-il pas impossible de te rendre la douceur de ses accents, la grâce de ses gestes, la mélodie de sa voix, la céleste expression de son visage? Si du moins je pouvais redire littéralement ses paroles sans en changer ni transposer une syllabe, certes, tu m'en saurais gré, je le crois... Mais à quoi sert-il de copier imparfaitement un tableau inimitable, qui doit plus gagner par sa seule réputation que par une pâle copie?... Ne te paraît-il pas que je ressemble aux traducteurs du divin Homère? Tu vois que je n'essaye pas même de t'exprimer un sentiment qui ne peut être rendu par des phrases, sans perdre toute sa vivacité.

Je me sens fatigué, Lorenzo, et je renvoie à demain le reste de mon récit. Le vent souffle avec force, et cependant je vais essayer de me mettre en route. Je saluerai Thérèse en ton nom...

Sur Dieu! je suis condamné à poursuivre ma lettre. J'ai trouvé au seuil de la porte un véritable lac; peut-être pourrais-je le franchir d'un saut; mais la pluie ne cesse pas, midi est passé, et, dans peu d'heures, cette nuit, qui menace d'être la dernière, sera venue. Pour aujourd'hui, journée perdue... ô Thérèse!

— Je ne suis pas heureuse, m'a dit Thérèse.

Et ces paroles m'ont déchiré le cœur.

Je marchais près d'elle dans un profond silence; Odouard avait rejoint M. T***, et ils nous précédaient en causant; la petite Isabelle nous suivait, portée par le jardinier.

— Je ne suis pas heureuse, répéta une seconde fois Thérèse.

J'avais déjà compris la terrible signification de ces paroles, et je gémissais intérieurement en voyant devant moi la victime qu'on voulait sacrifier aux préjugés et à l'intérêt. Thérèse s'aperçut alors de ma tristesse, et, changeant de voix :

— Quelque doux souvenir, me dit-elle en s'efforçant de sourire.

Et aussitôt elle baissa les yeux. Je n'osai pas lui répondre.

Nous approchions d'Arqua, et, à mesure que nous

gravissions l'herbeuse colline, les villages que nous dépassions fuyaient et disparaissaient à nos yeux. Enfin nous nous trouvâmes dans une avenue bordée d'un côté par des peupliers qui, en se balançant, laissaient tomber sur nos têtes leurs feuilles les plus jaunes, et ombragée de l'autre par une forêt de chênes dont l'épaisseur et la verdure plus foncée contrastaient agréablement avec le feuillage plus tendre des peupliers. De temps en temps, quelques rameaux de vigne sauvage, s'échappant de la forêt, joignaient les deux rangées d'arbres opposées, et, se balançant au-dessus de nous, formaient des festons mollement agités par la brise du matin.

— Oh! que de fois, dit Thérèse en s'arrêtant et regardant autour d'elle, que de fois, l'été dernier, je me suis reposée sur cette herbe et sous l'ombre fraîche de ces chênes... Hélas! j'y venais avec ma mère...

Elle se tut à ces mots, et se retourna comme pour regarder la petite Isabelle, qui nous suivait à peu de distance; mais je m'aperçus qu'elle ne m'avait quitté que pour me cacher les larmes qu'elle ne pouvait plus retenir et dont son visage était inondé.

— Mais où donc est votre mère? lui demandais-je, et pourquoi ne la vois-je jamais?

— Depuis plusieurs semaines, me répondit-elle, elle habite Padoue avec sa sœur, séparée de nous peut-être pour toujours!... Mon père l'adorait;

mais, depuis qu'il s'est obstiné à me donner un mari que je ne puis aimer, l'harmonie a disparu de notre famille. Ma pauvre mère, après s'être opposée en vain à ce mariage, s'est éloignée pour ne point avoir part à mon malheur inévitable... Et moi, je reste abandonnée de tout... J'ai promis à mon père; je tiendrai ma parole... Mais ce qui redouble ma peine, c'est d'être cause de la désunion de notre famille... Quant à moi... patience!

Et, à ces mots, les larmes pleuvaient de ses yeux.

— Pardonnez-moi, continua-t-elle, mais j'avais besoin d'épancher mon cœur brisé. Je ne puis écrire à ma mère ni recevoir de ses lettres. Mon père, absolu dans ses résolutions, ne veut pas même l'entendre nommer; il me répète à chaque instant qu'elle est notre plus grande ennemie, et cependant... je sens que je n'aime pas, que je n'aimerai jamais celui avec lequel tout est déjà décidé...

Représente-toi ma situation dans ce moment... Je ne pouvais ni la consoler, ni lui répondre, ni lui donner des conseils...

— De grâce, reprit-elle tout à coup, ne vous affligez pas de mes peines, je vous en conjure. Je me suis confiée à vous;... le besoin de trouver quelqu'un qui pût me plaindre... une certaine sympathie... enfin je n'ai que vous seul.

— O ange! oui, oui, puissé-je pleurer toujours,

et racheter à ce prix tes larmes! Cette misérable vie est toute à toi ; elle t'appartient sans réserve, et je la consacre à ton bonheur.

Que de malheurs dans une seule famille, mon cher Lorenzo! quelle obstination dans M. T***! qui, du reste, est un brave et galant homme... Il aime sa fille de toute son âme, il la loue souvent, la regarde toujours avec tendresse, et cependant il lui tient la main sur la gorge. Thérèse me disait, il y a quelques jours, qu'il était doué d'une âme ardente et continuellement agitée par des passions malheureuses. Gêné dans son intérieur par la trop grande magnificence qu'il affecte de déployer, poursuivi par ces hommes qui, dans les révolutions, établissent leur fortune sur la ruine des autres, et, craignant pour ses enfants, il veut assurer la félicité de sa famille en s'alliant à un homme *de sens*, riche, et qui a encore la perspective d'un héritage immense ; peut-être est-ce aussi par une certaine morgue, et je parierais cent contre un qu'il ne donnerait pas sa fille à un homme à qui il manquerait un demi-quartier de noblesse. Celui qui naît patricien doit mourir patricien : telle est sa devise. Il en résulte qu'il considère l'opposition de sa femme comme une attaque à son autorité, et ce sentiment tyrannique le rend encore plus inflexible ; son cœur est pourtant excellent : il adore sa fille, il l'accable de caresses, et quelquefois semble plaindre intérieurement la résignation de cette malheureuse enfant. Vraiment, Lorenzo, lorsque je vois comment des hommes qui pourraient être heureux cherchent par une certaine fatalité le malheur avec une lanterne, et veillent, suent et se fatiguent pour se fabriquer des douleurs éternelles, je suis sur le point de me faire sauter la cervelle, de peur qu'il ne me passe quelque jour par la tête une semblable tentation.

Je te quitte, Lorenzo; Michel m'appelle. Je reprendrai ma lettre au premier moment...

Le ciel se déride, et il fait la plus belle soirée du monde; le soleil a chassé les nuages et console la terre en répandant sur sa surface un de ses rayons. Je t'écris en face du balcon, d'où j'admire l'éternelle lumière qui va peu à peu se perdant à l'horizon tout resplendissant de flammes. L'air est redevenu tranquille, et la campagne, quoique couverte d'eau et couronnée seulement d'arbres effeuillés et de plantes flétries, paraît plus belle qu'avant l'orage. C'est ainsi, Lorenzo, que l'infortuné secoue sa tristesse au premier éclair de l'espérance, et livre de nouveau son âme à des plaisirs auxquels il était insensible au temps de son aveugle prospérité... Mais le jour m'abandonne; j'entends la cloche du soir... Me voici enfin au terme de ma narration.

Nous continuâmes notre court pèlerinage, et

bientôt nous aperçûmes à l'horizon, duquel elle se
détachait par sa blancheur, la maison qui renferma
autrefois cet homme

> Pour la grandeur duquel le monde fut étroit,
> Et qui, léguant son nom de mémoire en mémoire,
> Fit à Laure vivante une immortelle gloire.

Je m'en approchai comme si j'allais me prosterner
sur le tombeau de mes pères, et semblable à ces
prêtres qui s'avançaient respectueux et en silence
dans les forêts habitées par les dieux. La maison
sacrée de ce grand Italien tombe en ruine par la négligence de celui qui possède un si saint trésor. En
vain, dans quelques années, le voyageur viendra des
terres lointaines visiter religieusement cette chambre
où résonnent encore les chants divins de Pétrarque;
il ne pourra plus que pleurer sur un monceau de
pierres, couvert d'orties et d'herbes sauvages au
milieu desquelles le renard solitaire aura fait son
nid. O Italie! apaise l'ombre de tes grands hommes!... Je me souviendrai toujours en gémissant
des derniers mots que prononça le Tasse, après avoir
passé quarante-sept années de sa vie, exposé aux
sarcasmes des flatteurs, au dégoût des sachants, et
à l'orgueil des princes, tantôt emprisonné, tantôt
vagabond, et toujours triste, malade et pauvre.
Conduit enfin sur le lit de la mort par le malheur

et l'indigence, il écrivait, en exhalant son dernier soupir :

« Je ne me plains pas de la malignité de la fortune, pour ne pas dire de l'injustice des hommes, et qui a voulu avoir la gloire de me faire mourir mendiant. »

O mon cher Lorenzo ! ces paroles me bruissent toujours dans le cœur, il me semble que je mourrai un jour en les répétant.

Cependant, je récitais tout bas, l'âme pleine d'amour et d'harmonie, la chanson

Claires, fraîches et douces ondes!

Et cette autre :

De penser en penser, de montagne en montagne...

Et ce sonnet :

Arrêtons-nous, Amour! regardons notre gloire.

Et tant d'autres vers sublimes qu'à chaque instant ma mémoire rappelait à mon cœur.

Thérèse et son père étaient partis avec Odouard, qui allait vérifier les comptes d'un fermier qui tient de lui une terre dans les environs. J'ai appris depuis que la mort d'un de ses cousins le forçait d'aller à Rome, et qu'il n'en doit pas être quitte de sitôt, parce que, les autres parents s'étant emparés des biens du défunt, l'affaire, dit-on, ira devant les tribunaux.

A leur retour, cette bonne famille de laboureurs nous offrit un repas, après lequel nous reprîmes le chemin de nos maisons. Adieu, adieu ; j'aurais bien des choses à te raconter encore ; mais, à t'avouer la vérité, je ne suis guère à ce que je t'écris... A propos, j'oubliais de te dire qu'en revenant, Odouard avait constamment accompagné Thérèse et lui avait parlé en affectant un air d'autorité : par le peu de ses paroles que j'ai pu saisir, je soupçonne qu'il la tourmentait pour connaître le sujet de notre entretien ; tu vois, mon ami, que je dois interrompre mes visites, au moins jusqu'à ce qu'il soit parti.

Bonne nuit, mon cher Lorenzo ! conserve avec soin cette lettre : lorsque Odouard aura emporté avec lui tout mon bonheur, lorsque je ne verrai plus Thérèse, que sa jeune sœur ne viendra plus jouer sur mes genoux, dans ces jours d'ennui où notre douleur passée nous redevient quelquefois chère, à cette heure où le jour va mourant, nous relirons ces mémoires, couchés sur le penchant de la colline qui regarde la solitude d'Arqua ; alors, le souvenir que Thérèse fut notre amie séchera nos larmes ; faisons-nous, crois-moi, un trésor de souvenirs suaves et doux, afin que, dans les années de tristesse et de persécution qui nous restent à vivre, nous ayons pour nous soutenir la mémoire de n'avoir pas toujours été malheureux.

22 novembre.

Trois jours encore, et Odouard sera parti. Le père de Thérèse, qui l'accompagnera jusqu'aux frontières, m'a proposé de faire ce voyage avec lui; mais je l'en ai remercié, parce que je suis décidé à m'éloigner. J'irai à Padoue... Je ne veux pas abuser de l'amitié et de la confiance de M. T***.

— Tenez bonne compagnie à mes filles, me disait-il encore ce matin.

Me prend-il donc pour un Socrate?... Moi, près de cette angélique créature née pour aimer et être aimée, si malheureuse! moi dont le cœur est en si parfaite harmonie avec le cœur des infortunés, parce que j'ai toujours trouvé quelque chose de méchant dans celui de l'homme heureux!

Je ne sais comment il ne s'aperçoit pas qu'en parlant de sa fille, je change de visage, ma langue s'embarrasse, et je balbutie alors comme un voleur devant son juge : il y a des moments où je m'abandonne à des réflexions qui me feraient blasphémer, lorsque je vois tant d'excellentes qualités gâtées chez lui par des préjugés et un entêtement qu'un jour peut-être il pleurera bien amèrement... C'est ainsi,

Lorenzo, que je dévore mes journées en me plaignant de mes malheurs... et de ceux des autres.

Cependant, cet état ne me déplaît pas... Souvent je ris de moi, je ris de ce que mon cœur ne peut supporter. un moment, un seul moment de calme... Pourvu qu'il soit toujours agité, peu lui importe que les vents soient ou propices ou contraires : où lui manque le plaisir, il cherche aussitôt la douleur. Hier, Odouard est venu chez moi pour me rendre un fusil de chasse que je lui avais prêté, et me dire en même temps adieu; eh bien, je n'ai pu le voir sans me jeter à son cou, quoique cependant j'eusse bien dû imiter son indifférence. Je ne sais comment, vous autres sages appelez l'homme qui, sans réfléchir, cède toujours au premier mouvement de son cœur; ce n'est certainement pas un héros, et cependant ce n'est point un lâche : ceux qui traitent les passions de faiblesses, ressemblent à ce médecin qui appelait fou un malade dans le délire; c'est ainsi encore que les riches taxent la pauvreté de faute, par la seule raison qu'elle est pauvre; tout est apparence, rien n'est réalité, rien! les hommes qui ne peuvent acquérir l'estime des autres, ni même la leur, cherchent à se tromper eux-mêmes en comparant les défauts qui par hasard leur manquent à ceux qu'ils reprochent à leurs voisins. Mais celui qui ne s'enivre pas, parce qu'il hait naturellement le vin, mérite-t-il des louanges sur sa sobriété?

O toi qui disputes tranquillement sur les passions, si tes froides mains ne trouvaient pas froid tout ce qu'elles touchent, si tout ce qui entre dans ton cœur de glace ne se glaçait pas en passant par ton cœur, crois-tu que tu serais aussi glorieux de ta sévère philosophie? Or, comment peut-on raisonner de choses que l'on ne connaît pas?

Pour moi, Lorenzo, j'abandonne ces prétendus sages à leur inféconde apathie : j'ai lu, je ne me rappelle plus trop dans quel poëte, que leur vertu ressemble à un bloc de glace qui attire tout à lui et qui refroidit tout ce qu'il touche. — Dieu ne reste pas toujours dans une majestueuse tranquillité, mais il s'enlève au sein des aquilons et passe avec les tempêtes.

28 novembre.

Odouard est parti. Et, moi, je ne m'en irai qu'au retour du père de Thérèse. — Bonjour.

3 décembre.

Ce matin, j'allais à la villa, et j'en étais déjà tout proche lorsque j'entendis, dans l'intérieur, le léger frémissement d'une harpe; je sentis ausitôt mon cœur sourire, et passer dans mes veines la volupté de l'harmonie : c'était Thérèse... O céleste enfant!

comment puis-je te voir dans tout l'éclat de ta beauté et ne pas me livrer au désespoir?... Tu commences à tremper tes lèvres dans l'amer calice de la vie; et moi, de mes yeux, je te verrai malheureuse et je ne pourrai te soulager qu'en pleurant avec toi! Ne devrais-je pas, par pitié pour toi, t'avertir de te familiariser d'avance avec le malheur?

Je crois, Lorenzo, que je ne pourrais ni affirmer ni nier que je l'aime. — Mais si jamais... jamais!... En vérité, ce sera un amour d'ange... incapable d'une seule pensée dont elle puisse se plaindre... Dieu le sait.

Je m'étais arrêté, les yeux, les oreilles et tous les sens tendus, et me divinisant dans ce coin où aucun regard ne me faisait rougir du vol que je faisais. Juge de ce que j'éprouvai lorsque j'entendis qu'elle chantait une cantate de Sapho, que je lui ai traduite avec deux autres odes, seules poésies qui nous restent de cette femme immortelle comme les Muses. Je franchis la porte d'un bond, et je trouvai Thérèse dans sa chambre, sur le même siége où je la vis le jour qu'elle faisait son portrait. Elle était négligemment vêtue de blanc; le trésor de sa blonde chevelure était répandu sur ses épaules et sur sa poitrine; ses yeux nageaient dans la mélodie; une suave langueur était répandue par tout son visage; son bras rosé, son pied appuyé sur la pédale, ses doigts courant avec légèreté sur les cordes sonores, tout en elle était harmonie. Je m'étais arrêté devant elle, je ne pouvais me rassasier du bonheur de la contempler. Thérèse parut d'abord confuse de s'être laissé surprendre par un homme qui l'admirait ainsi négligée, et, moi-même, je commençais à me reprocher intérieurement ma vivacité et mon oubli des convenances; mais bientôt elle se remit et continua. Alors, je ne songeai plus qu'au plaisir de la voir et de l'entendre; je ne puis te dire, Lorenzo, dans quel état se trouvait précisément mon cœur, mais le fait est que, dans ce moment, j'avais cessé de sentir le poids de cette vie mortelle.

Quelques minutes après, Thérèse se leva en souriant et me laissa seul. Peu après, je revins à moi, j'appuyai alors ma tête sur la harpe, mon visage se baigna de larmes, et je me sentis soulagé.

Padoue, 7 décembre.

Je n'ose le dire, Lorenzo, mais je crains bien que tu ne m'aies pris au mot, et que tu n'aies fait tout ce qui était en ton pouvoir pour m'éloigner de mon cher ermitage. Hier, Michel vint m'avertir, de la part de ma mère, que mon logement à Padoue, où j'avais dit (et vraiment à peine si je m'en souviens) que je voulais me rendre, à la réouverture de l'Université, était préparé; il est vrai que j'avais juré de partir, je te l'avais même écrit; mais j'attendais M. T***, qui n'est point encore revenu. Au reste, plus je réfléchis, plus je me félicite d'avoir profité du moment où je voulais fermement m'éloigner de ma retraite, que j'ai quittée sans dire adieu à personne; autrement, je crois bien que, malgré tes résolutions et les miennes, jamais je n'aurais eu ce courage; je t'avouerai même que parfois je regrette bien amèrement ma solitude, et qu'alors il me prend la tentation d'y retourner.

Au reste, figure-toi bien que je suis à Padoue, et prêt à devenir un savantissime... Je te dis cela afin que tu n'ailles pas encore prêcher partout que je me perds avec mes folies... Mais aussi qu'il ne te prenne pas l'envie de t'opposer à mon départ, lorsque je l'aurai décidé... Tu sais, mon ami, que je suis né extrêmement inapte à certaines choses, et surtout lorsqu'il s'agit de vivre avec cette méthode qu'exigent les études, et qui se trouve tout à fait en opposition avec mon caractère libre et indépendant; si pourtant cela t'arrivait, rappelle-toi que je te le pardonne d'avance et de mon propre mouvement... Remercie cependant ma mère, et, pour diminuer son déplaisir, dis-lui, comme si la chose venait de toi, qu'il est probable que je ne trouverai pas ici de chambre à louer pour plus d'un mois...

Padoue, 11 décembre.

Je viens de faire connaissance avec l'épouse du noble M. M***, qui, abandonnant le tumulte de Venise, et la maison de son indolent mari, vient passer une partie de l'année à Padoue pour se divertir. Hélas! si jeune et si belle,... sa figure a déjà perdu cette ingénuité sans laquelle il n'y a ni grâce ni amour. Coquette consommée, elle passe son temps à chercher à plaire, et, cela, sans autre but que de faire des conquêtes, du moins je le pense ainsi; peut-être ai-je tort... Elle paraît rester volontiers avec moi, me parle bas et sourit à mes louanges, d'autant plus qu'elle ne semble pas goûter, comme les autres femmes, cette froide ambroisie, ce fade jargon, qu'on est convenu d'appeler bons mots et traits d'esprit, et qui presque toujours décèlent un caractère mauvais. Je ne sais comment il se fit qu'hier en approchant sa chaise de la mienne, elle me parla de quelques-uns de mes vers, et amena la conversation sur la poésie; je ne sais encore comment je nommai un livre qu'elle me demanda, et que je promis de lui porter ce matin... Adieu; l'heure s'avance.

Deux heures.

Un page m'ouvrit un boudoir où, entré à peine, je vis venir au-devant de moi une femme de trente-cinq ans environ, légèrement vêtue, et que jamais je n'eusse prise pour une femme de chambre, si elle même ne me l'eût appris en me disant :

— Ma maîtresse est encore au lit, mais elle va se lever à l'instant.

Aussitôt, un coup de sonnette la fit courir dans la chambre contiguë, où était le trône de la déesse, et, moi, je continuai à me chauffer, en regardant une Danaé peinte au plafond, et les fresques dont les murailles étaient couvertes, ainsi que quelques romans français jetés çà et là. Tout à coup la porte s'ouvrit, un air parfumé de mille odeurs parvint jusqu'à moi, et je vis notre donna, toute fraîche et radieuse, s'approcher vivement du feu, comme si elle tremblait de froid, et s'étendre sur une chaise longue que lui avait préparée sa femme de chambre.

Elle me salua des yeux seulement... et me demanda en souriant si je me souvenais de ma promesse ; alors, je lui présentai le livre, et je m'aperçus avec étonnement qu'elle n'était vêtue que d'une espèce de peignoir qui, n'étant pas lacé, descendait librement et laissait à découvert ses épaules et sa poitrine voluptueusement cachée par une peau de cygne, dans laquelle elle s'était enveloppée. Ses cheveux, quoique retenus par un peigne, accusaient le sommeil récent, et quelques boucles qui s'en échappaient, retombant sur son cou, et pénétrant jusque dans son sein, semblaient inviter l'œil inexpérimenté à les y poursuivre, tandis que, pour en rattacher d'autres qui ombrageaient son front et ses longues paupières noires, elle laissait voir, peut-être sans s'en douter, un bras d'albâtre que ne pouvaient cacher les manches de sa chemise, qui, lorsqu'elle levait la main, retombaient jusqu'au coude. A demi couchée sur un trône de coussins, elle se tournait avec complaisance vers un petit chien qui s'approchait d'elle, la fuyait, puis revenait la caresser, en courbant son dos, et en secouant les oreilles et la queue.

Je m'assis à son côté sur un siége qu'avait avancé la femme de chambre déjà partie, et je regardai cette flatteuse petite bête qui, en se jouant avec le bas du peignoir, et en le relevant avec ses pattes, laissait apercevoir une gentille pantoufle de soie rose tendre, et dans cette pantoufle un petit pied, ô Lorenzo!... semblable à celui que l'Albane peindrait à une Grâce sortant du bain... Oh! si comme moi tu avais pu voir Thérèse, dans le même négligé, s'approchant du feu comme elle, sans ceinture... En me rappelant ce bienheureux moment, je me souviens que je n'osais respirer l'air qui l'entourait... Toutes mes facultés étaient suspendues, et n'avaient de force que pour l'adorer... Sans doute c'est un génie bienfaisant qui m'offrit alors l'image de Thérèse... Je reportai, avec un léger sourire, les yeux sur la belle, sur le petit chien, sur le tapis, sur le pied mignon... Mais les bords du peignoir étaient baissés, et le pied avait disparu. Je me levai en lui demandant pardon d'avoir choisi une heure aussi peu convenable, et, en prenant congé d'elle, je m'aperçus qu'un air sérieux avait remplacé le doux et tendre abandon qu'un instant auparavant on lisait sur sa figure; au reste, je me trompe peut-être. Enfin, lorsque je fus seul, ma raison, qui est en procès éternel avec mon cœur, me dit :

— Malheureux! crains celle-là seulement qui participe du ciel; prends donc un parti et ne retire pas tes lèvres du contre-poison que te présentait la fortune.

Je louai ma raison, mais le cœur avait déjà fait à sa guise. Tu t'apercevras facilement, mon cher Lorenzo, que cette lettre est copiée, et recopiée, parce que j'ai voulu me surpasser en beau style.

Oh! la cantate de Sapho! je la chante partout, je la répète à chaque instant, à la promenade, en écrivant, au milieu de mes lectures; je n'éprouvais pas cette inquiétude vague, Thérèse, lorsqu'il ne m'était pas refusé de te voir et de t'entendre! Mais patience, onze milles et je suis à la maison, deux milles encore, et... Oh! que de fois j'aurais fui cette terre, si, dans la crainte d'être entraîné trop loin par mes infortunes, je n'eusse préféré braver le péril, et rester près de toi... Ici, du moins, nous sommes encore sous le même ciel.

P.-S. — Je reçois à l'instant tes lettres. Voilà la cinquième fois, mon cher Lorenzo, que tu m'accuses d'être amoureux. Amoureux, oui... Eh bien, après ? N'ai-je pas vu des gens se prendre de passion pour la *Vénus de Médicis*, pour la *Psyché*, pour la lune ou pour quelque étoile favorite ? et toi-même, n'étais-tu pas tellement enthousiaste de Sapho, que tu te la figurais parfaitement belle, et que tu traitais d'ignorants ceux qui prétendaient quelle était petite et brune, et plutôt laide que jolie ? Dis-moi le contraire.

Trêve de plaisanteries. Je conviens avec toi que je suis un cerveau bizarre, extravagant même ; mais je ne vois pas qu'il y ait de honte à cela. Voilà plusieurs jours que je m'aperçois que tu as la rage de vouloir me faire rougir... Mais tu me permettras de te dire que je ne sais, ne puis, ni ne dois rougir d'aucune chose à l'égard de Thérèse, ni me plaindre, ni me repentir, entends-tu ?... Vis joyeux.

Padoue...

(Les deux premiers feuillets de cette lettre, dans laquelle Ortis se plaignait de ce que lui avait fait souffrir quelquefois son caractère violent, ont été perdus; comme l'éditeur s'est proposé de publier religieusement ces lettres d'après le manuscrit autographe, il a cru nécessaire d'insérer ces fragments, d'autant plus qu'ils font facilement deviner le contenu des pages qui manquent.)

. . . .

Reconnaissant du bienfait, je le suis aussi de l'injure; et cependant tu sais combien de fois j'ai pardonné à mes ennemis, secouru ceux qui m'avaient offensé, pleuré ceux qui m'avaient trahi. Mais les plaies faites à mon honneur, Lorenzo,... celles-là demandent vengeance... Je ne sais ni ne désire savoir ce qu'ils t'ont écrit; mais, quand ce misérable s'est présenté devant moi, quoiqu'il y eût près de trois ans que je ne l'eusse vu,... j'ai senti tout le corps me brûler. Je me suis contenu cependant... Mais devait-il, par de nouveaux outrages, rallumer mon ancien mépris? Je rugissais comme une bête féroce, et, si, dans cet instant, il s'était présenté à ma vue,... je sens que je l'aurais mis en pièces, l'eussé-je trouvé dans le sanctuaire.

Deux jours après, le lâche refusa de passer par le chemin d'honneur que je lui avais ouvert, et chacun se mit à prêcher une croisade contre moi, comme si je devais endurer tranquillement des affronts de la part de celui qui déjà m'avait dévoré la moitié du cœur. Cette vile espèce n'affecte la générosité que parce qu'elle n'a pas le courage de se venger visière levée; mais il faut voir avec quelle adresse elle sait se servir des poignards nocturnes de l'intrigue et de la calomnie... Je n'ai point cherché à le tromper, je lui ai dit :

— Vous avez un bras et un cœur comme moi, et je suis mortel comme vous.

Il me répondit par des cris et des larmes; alors, la colère, cette furie dominatrice de mon cœur, commença à faire place au mépris. Je pensai que l'homme courageux ne doit pas écraser le faible; mais aussi pourquoi le faible irrite-t-il celui qui sait se venger?... Crois-moi, il faut une bassesse stupide ou une surhumaine philosophie pour pardonner à un ennemi qui se présente devant nous, la figure impudente, l'âme noire et les mains tremblantes.

Enfin l'occasion m'a démasqué tous ces petits messieurs qui s'émerveillaient à chacune de mes paroles et qui, à chaque instant, m'offraient leur bourse et leurs services... Sépultures!... beaux marbres et pompeuses épitaphes! mais ouvrez-les et vous ne trouverez que vers et putréfaction. Et crois-tu, Lorenzo, que, si l'adversité nous réduisait à leur demander du pain, il en serait quelques-uns qui se ressouviendraient de leurs promesses? Pas un, ou peut-être un seul qui voudrait acheter notre avilissement. Amis pendant le calme, la tempête s'élève-t-elle, ils font force de rames pour s'éloigner de vous;... chez eux, tout est calcul... Oh! s'il est encore des hommes qui sentent frémir dans leurs entrailles les passions généreuses, qu'ils s'éloignent! qu'ils fuient, comme les aigles et les bêtes sauvages, au milieu des forêts et des montagnes inaccessibles, loin de la vengeance et de l'envie des hommes... Les âmes sublimes passent au-dessus de la multitude, qui, outragée de leur grandeur, tente d'arrêter leur essor ou de les tourner en ridicule, en traitant de folie des actions que, plongée dans la fange, elle ne peut ni admirer ni comprendre. Je ne parle pas de moi; mais, lorsque je réfléchis aux obstacles que la société oppose, à chaque pas, au génie et au cœur de l'homme, et, comme dans un gouvernement immoral ou tyrannique tout est intérêt, brigue et calomnie, je tombe à genoux pour remercier le Ciel, qui, en me douant de ce caractère ennemi de toute servitude, m'a appris à vaincre la fortune et à m'élever au-dessus de l'éducation. Je sais que la première, la seule, la vraie science est celle de l'homme, qu'on ne peut acquérir ni dans la solitude ni dans les livres, et que chacun peut profiter de son expérience et de celle des autres, pour marcher avec quelque sûreté au milieu des précipices de la vie; moi seul dois craindre d'être trompé par ceux qui devaient m'instruire, précipité du faîte de la fortune par ceux qui devaient m'y élever, et frappé par la main qui aurait eu la force de me soutenir.

(Il manque une autre feuille.)

. . . .
. . . . . Si du moins c'était la première fois, mais j'ai si cruellement éprouvé toutes les passions ! Je ne suis pas exempt de vices, je l'avoue; mais jamais un vice ne m'a vaincu, et cependant, dans ce terrestre pèlerinage, j'ai passé tout à coup des jardins aux déserts. Mais je conviens qu'à une certaine époque, mon mépris pour les hommes naquit d'un dédain orgueilleux et du désespoir de ne pouvoir trouver la gloire et le bonheur dont je m'étais flatté dans les premières années de ma jeunesse. Crois-tu, Lorenzo, que, si j'avais voulu, comme tant d'autres, trafiquer de ma foi, renier la vérité, vendre mon esprit, je ne vivrais pas maintenant plus honoré et plus tranquille ? Mais les honneurs et la tranquillité de ce siècle perdu méritent-ils d'être achetés par la vente de mon âme ? Peut-être la crainte de l'infamie, plus encore que l'amour de la vertu, m'a-t-elle retenu sur les bords du précipice et empêché de commettre de ces fautes qu'on respecte chez les grands, qu'on tolère dans la classe moyenne de la société, et qu'on punit chez les malheureux pour ne point laisser sans victimes l'autel de la justice.

Non, jamais aucune force humaine, aucune puissance divine ne parviendront à me faire répéter sur le théâtre du monde l'éloge du *petit brigand*... Pour veiller la nuit dans le boudoir de nos femmes à la mode, je sais qu'il faut être libertin de profession, parce qu'elles veulent encore maintenir leur réputation auprès des hommes qu'elles croient susceptibles de quelque ombre de pudeur... Eh! moi-même n'ai-je pas reçu d'une femme des préceptes de trahison et de séduction! et peut-être eussé-je trahi et séduit comme un autre, si le plaisir que je comptais y goûter n'eût pas dû redescendre amer dans mon âme, qui n'a jamais su se plier aux circonstances, ni transiger avec la raison. Voilà pourquoi tant de fois tu m'as entendu redire que tout dépend du cœur;... du cœur, que ni le Ciel, ni les hommes, ni nos intérêts mêmes ne peuvent jamais changer.

Dans l'Italie la plus cultivée, et dans quelques villes de France, j'ai cherché avec soin ce *grand monde*, que partout j'entendais vanter avec tant d'emphase. Qu'ai-je vu? Une foule de nobles, de savants et de belles; mais tous sots, bas et méchants!... tous!... J'ai cependant, je l'avouerai, rencontré quelquefois, mais toujours parmi le peuple, des hommes d'un caractère libre, que rien n'avait pu émousser encore. J'errais çà et là, et dessus et dessous, semblable aux âmes de ces malheureux que le Dante place à la porte de l'enfer comme ne les jugeant pas dignes d'habiter avec les parfaits damnés. Pendant tout un an, sais-tu ce que j'ai trouvé partout ? Sottise, déshonneur, ennui mortel... Et, tandis que, tremblant encore sur le passé, je commençais à me rassurer sur l'avenir en me croyant dans le port, mon mauvais génie m'entraîne de nouveau à des malheurs inévitables.

Tu vois, Lorenzo, que j'ai raison de lever les yeux vers ce rayon de salut, qu'un hasard propice me présente. Mais, je t'en conjure, épargne-moi ton refrain habituel : *Ortis, Ortis, ton intolérance te rendra misanthrope.* Et crois-tu donc que, si je haïssais les hommes, je me plaindrais comme je le fais de leurs vices? Au reste, puisque je ne sais pas en rire et que je crains de m'en fâcher, je crois que le meilleur parti est la retraite; d'autant plus que je ne vois pas qui pourrait me garantir de la haine de cette race, à laquelle je ressemble si peu. Il ne s'agit point ici de discuter de quel côté est la raison; je l'ignore, et certes je ne pense pas qu'elle soit toute du mien. Mais l'essentiel, je crois (et, en cela, nous sommes d'accord), c'est que mon caractère franc, ouvert et loyal, ou plutôt obstiné, brusque et imprudent, ne peut nullement s'accorder avec cette religieuse étiquette qui couvre d'une même livrée l'extérieur de ceux-là, et, sur mon honneur, pour vivre en paix avec eux, je n'ai point envie de changer d'habits. Je me trouve donc dans une guerre ouverte, qui ne me laisse pas même espérer de trêve, et ma défaite est d'autant plus inévitable, que je ne sais point combattre avec le masque de la dissimulation, vertu cependant assez accréditée et encore plus profitable. Vois ma présomption, Lorenzo : je me crois meilleur que les autres, et voilà pourquoi je dédaigne de me contrefaire ; mais, bon ou mauvais, et tel que suis enfin, j'ai la générosité ou plutôt l'effronterie de m'exposer nu et comme je suis sorti des mains de la nature. J'avoue que parfois je me dis à moi-même :

— Crois-tu qu'il n'y a pas quelque danger à professer cette vérité ?

Et je me réponds que je serais bien fou, si, lorsque j'ai trouvé dans ma solitude le bonheur et la tranquillité des élus, qui se béatifient dans la contemplation du souverain bien, j'allais, pour ne pas risquer de devenir amoureux (c'est ton antienne ordinaire), me remettre encore à la disposition de cette tourbe fausse et méchante.

Padoue, 23 décembre.

Ce maudit pays semble encore engourdir mon âme, déjà fatiguée de la vie. Gronde-moi tant que tu voudras, Lorenzo, mais je ne sais que devenir à Padoue. Si tu voyais avec quelle figure apathique je suis là... hésitant... et me torturant l'esprit pour te commencer cette misérable lettre... A propos, le père de Thérèse est revenu et m'a écrit. Je lui ai répondu en lui annonçant mon retour ; il me semble qu'il y a mille ans que je l'ai quitté.

Cette Université (comme toutes les Universités du monde) est composée de professeurs pédants, ennemis entre eux, et d'écoliers dissipés. Lorenzo, sais-tu pourquoi les grands hommes sont si rares dans la foule ? C'est que cette émanation de la Divinité qui constitue le génie ne peut exister que dans l'indépendance et la solitude ; dans la société, on lit et on imite beaucoup ; mais on médite peu. Cette ardeur généreuse qui fait écrire, penser et sentir fortement, finit par s'évaporer en paroles. Pour estropier une foule de langues, nous dédaignons d'apprendre la nôtre, et nous nous donnons en ridicule aux étrangers et à nous-mêmes. Dépendants des préjugés, des intérêts et des vices des hommes, guidés par une chaîne de devoirs et de besoins, nous confions à la multitude notre gloire et notre bonheur, nous parvenons à la richesse et à la puissance, et nous finissons par nous épouvanter de notre élévation même, parce que la renommée attire les persécuteurs, et que notre grandeur d'âme nous rend suspects aux gouvernements et aux princes, qui ne veulent ni grands hommes ni grands scélérats. Celui qui, dans des temps d'esclavage, est payé pour instruire la jeunesse, presque jamais ne remplit son mandat sacré. De là vient cet appareil de leçons pédantesques et pédagogiques qui ne tendent qu'à rendre la raison difficile et la vérité même suspecte. Tiens, Lorenzo, je ne puis mieux comparer les hommes qu'à un troupeau d'aveugles qui errent au hasard. Quelques-uns s'efforcent d'entr'ouvrir les yeux et se persuadent qu'ils distinguent dans les ténèbres, où cependant ils ne doivent marcher qu'en trébuchant...

Mais supposons que je n'ai rien dit. Il y a des opinions qu'on ne peut discuter qu'avec le petit nombre de ceux qui envisagent les sciences avec le même sourire qu'Homère contemplait les hauts faits des grenouilles et des rats... Pour cette fois, tu conviendras que j'ai raison.

Or, puisque Dieu t'envoie un acquéreur, tu me feras plaisir de vendre corps et âme tous mes livres. Qu'ai-je à faire de quatre mille volumes et plus, que je ne peux ni ne veux lire? Conserve-moi seulement ceux dans lesquels tu trouveras des notes écrites de ma main : que d'argent j'ai employé à cette folie qui, je le crains bien, n'est passée que pour faire place à une autre! Tu en remettras le prix à ma mère; il l'indemnisera un peu des dépenses énormes qu'elle a faites pour moi. — Je ne sais comment je m'arrange, mais j'épuiserais un trésor; l'occasion me semble avantageuse, il faut en profiter; les temps deviennent de plus en plus malheureux, et il n'est pas juste que, pour moi, la pauvre femme traîne dans la misère le peu de temps qu'elle a encore à vivre. Adieu, Lorenzo.

Des monts Eugandens, 3 janvier 1708.

Pardonne : je te croyais plus sage... Le genre humain est cette troupe d'aveugles que tu vois, se heurtant, se pressant et se traînant derrière l'inexorable fatalité; pourquoi craindre alors un avenir que nous ne pouvons éviter?

Je me trompe! la prudence humaine peut, par ses combinaisons, rompre cette chaîne d'infiniment petits événements que nous appelons destin; mais peut-elle pour cela plonger ses regards dans les ombres de l'avenir? Tu m'exhortes encore à fuir Thérèse; mais c'est comme si tu me disais : « Abandonne ce qui te fait chérir la vie... Crains le mal et tombe dans le pire... » Mais supposons un instant que, pour éviter prudemment le péril, je doive interdire à mon âme tout éclair de bonheur, ma vie alors ne s'écoulerait-elle pas pareille aux austères journées de cette saison obscure et nébuleuse, qui ferait presque désirer la cessation de la vie jusqu'au retour du printemps? Conviens donc, Lorenzo, qu'il vaut mieux que la nuit vienne avant le soir, et que notre matin, du moins, se réjouisse aux rayons du soleil? D'ailleurs, si je voulais être toujours en garde contre mon cœur, ne ferait-il pas à ma raison une guerre éternelle? Et dis-moi quelle en serait l'utilité. Je naviguerai donc comme un homme perdu; que les choses aillent comme elles pourront : en attendant,

> Je sens mon air natal, et mes douces collines
> Montent à l'horizon!

10 janvier.

Odouard nous écrit que ses affaires ne le retiendront plus guère qu'un mois, et il espère revenir au printemps... Alors, oui, vers les premiers jours d'avril, je penserai à partir.

19 janvier.

Existence humaine : songe trompeur! auquel, semblables à ces femmelettes qui font reposer leur avenir sur des superstitions et des présages, nous attachons cependant un si grand prix!... prends garde! tu tends la main à une ombre qui, tandis qu'elle t'est chère, est peut-être en horreur à tel autre; —

4

ainsi donc tout mon bonheur n'est que dans l'apparence des objets qui m'entourent, et, si je cherche quelque chose de réel, ou j'en reviens à me tromper, ou, surpris et épouvanté, je ne fais que m'égarer dans le vide. Je ne sais, mais je commence à craindre que nous ne soyons qu'un infiniment petit anneau du système incompréhensible de la nature, et qu'elle ne nous ait doués d'un si grand amour de nous-mêmes qu'afin que ces profondes craintes et ces suprêmes espérances, créant dans notre imagination une série innombrable de biens et de maux, nous tinssent incessamment occupés de cette triste existence si douteuse, si courte et si malheureuse; et elle, pendant que nous servons aveuglément à son but, elle rit de notre orgueil, qui nous fait penser que l'univers est créé pour nous seuls, et que nous seuls sommes dignes et capables de donner des lois à la création.

Tout à l'heure j'allais devant moi, perdu dans la campagne, enveloppé jusqu'aux yeux dans mon manteau, observant l'agonie de la terre ensevelie sous des monceaux de neige, sans herbe ni feuilles qui rappelassent sa richesse passée; je ne pouvais longtemps arrêter ma vue sur les épaules de ses montagnes dont les cimes élevées disparaissaient dans un nuage grisâtre, qui, en s'abaissant, augmentait encore la tristesse de ce jour froid et ténébreux.

Je me figurais ces neiges amoncelées se détachant tout à coup et se précipitant semblables à ces torrents qui inondent la plaine, renversent les plantes, les arbres, les cabanes, et détruisent en un jour le travail de tant d'années et l'espérance de tant de familles ! de temps en temps, un faible rayon de soleil tremblait à travers cette atmosphère épaisse et rassurait la terre en lui annonçant que le monde n'était pas plongé dans l'éternelle nuit. Me tournant alors vers cette partie du ciel qui conservait la teinte rougeâtre de son dernier reflet, je m'écriai :

— O soleil ! tout change donc ici bas, et un jour viendra où Dieu retirera les regards de toi, et, toi aussi, tu changeras de forme ; et alors, les nuages ne serviront plus de cortège à tes rayons, et l'aube ne viendra plus, couronnée de roses célestes et ceinte de flammes, annoncer à l'Orient que tu te lèves. Réjouis-toi cependant de ta carrière, qui sera peut-être triste un jour et pareille à celle de l'homme. Tu le vois : quant à lui, l'homme n'a point à se louer de la sienne ; et, si parfois il rencontre sur son chemin les prés fleurissants d'avril, il doit plus souvent encore traverser les sables brûlants de l'été et les glaces mortelles de l'hiver.

22 janvier.

Ainsi vont les choses, cher ami ; hier au soir, j'étais auprès du foyer autour duquel s'étaient rassemblés quelques paysans des environs, qui, en se chauffant, s'amusaient à raconter leurs anciennes aventures. Tout à coup une jeune fille, les pieds nus et paraissant transie de froid, entre, et, s'adressant au jardinier, lui demande l'aumône pour la *pauvre vieille*. Tandis qu'elle se réchauffait, il préparait pour elle deux petits fagots de bois sec et deux pains bis. La paysanne les prit, nous salua et partit ; je sortis derrière elle, et, sans intention, je suivis ses traces imprimées dans la neige.

Arrivée à un monceau de glaces qui barraient le chemin, elle s'arrêta, cherchant des yeux une place où elle pût passer. Je la joignis.

— Allez-vous bien loin, jeune fille ?

— Non, monsieur, là, un demi-mille environ.

— Ces fagots sont trop lourds pour vous, laissez-m'en prendre au moins un.

— Ils ne me fatigueraient point si je pouvais les porter sur mes épaules ; mais ces deux pains m'embarrassent.

— Alors, laissez-moi donc porter les pains.

Elle me les présenta en rougissant, et je les mis

sous mon manteau. Après une petite heure de marche, nous entrâmes dans une chaumière au milieu de laquelle nous aperçûmes une vieille femme qui se chauffait à un vase de braise, sur lequel elle étendait les paumes de ses mains en appuyant ses pouces sur ses genoux.

— Bonjour, mère, lui dis-je en m'approchant d'elle.

— Bonjour, me répondit-elle.

— Comment vous portez-vous, mère?

Cette question et dix autres que je lui fis successivement restèrent sans réponse, tant elle était occupée à se réchauffer les mains; de temps en temps seulement, elle levait les yeux pour voir si nous étions partis. Nous déposâmes toutes nos petites provisions; et la vieille, sans plus nous regarder, fixa sur elles son œil immobile, et, à notre promesse de revenir le lendemain, elle ne nous répondit que par un second « Bonjour! » qu'elle laissa échapper comme malgré elle.

En regagnant la maison, la jeune paysanne me racontait que cette femme, qui pouvait avoir environ quatre-vingts ans, était très-malheureuse, en ce que la saison empêchait souvent les habitants du village de lui faire passer les secours dont elle avait besoin, et que quelquefois on l'avait trouvée près de mourir de faim; cependant, la crainte de quitter la vie était si forte chez elle, qu'on la voyait continuellement occupée à marmotter des prières pour que Dieu la conservât en ce monde. J'ai entendu dire ensuite à un vieux paysan que, depuis qu'elle avait perdu son mari tué d'un coup d'arquebuse, elle avait vu, dans une année de disette, mourir autour d'elle ses fils, ses filles, ses gendres, ses belles-filles et ses neveux. Et cependant, frère, cette malheureuse, qui joint aux maux présents le souvenir des maux passés, demande encore au ciel de lui conserver une vie noyée dans une mer de douleurs.

Hélas! tant de dégoûts assiégent notre existence, qu'il ne faut pas moins que cet instinct invincible qui nous y attache, pour l'acheter, quand la nature nous donne tant de moyens de nous en délivrer, pour l'acheter, dis-je, comme nous le faisons par l'avilissement, les pleurs, et quelquefois encore par le crime...

17 mars.

Depuis deux mois, je ne te donne pas signe de vie, et tu t'en es effrayé, et tu as craint que je ne fusse vaincu par l'amour, au point de ne me souvenir ni de toi ni de la patrie. — O frère! que tu me connais peu, que tu connais peu le cœur humain et toi-même, si tu penses que le sentiment de la patrie puisse s'attiédir ou s'éteindre, et si tu crois qu'il cède aux autres passions, tandis qu'au contraire il les irrite et en est irrité — C'est vrai, et, en cela, tu as dit vrai : *L'amour dans un cœur malade, et où les autres passions sont désespérées, renaît tout-puissant.* — Et j'en suis une preuve; mais qu'il y renaisse mortel, tu te trompes; sans Thérèse, je serais aujourd'hui dans la tombe.

La nature crée de sa propre autorité des esprits qui ne peuvent être que généreux; il y a vingt ans, il était possible qu'ils demeurassent sans force et engourdis dans la torpeur universelle de l'Italie; mais les temps d'aujourd'hui ont réveillé en eux leurs natives et viriles passions; et ils ont acquis telle trempe, qu'on puisse les briser, oui — les faire plier, non. Et ceci n'est point une sentence métaphysique; crois-moi, c'est la vérité qui resplendit dans la vie de beaucoup d'hommes des anciens jours, glorieusement malheureux : vérité dont je me suis convaincu en vivant avec beaucoup de concitoyens que je plains et que j'admire en même temps; parce que, si Dieu n'a pas pitié de l'Italie, ils devront enfermer au plus profond de leur cœur l'amour de la patrie, — le plus funeste des amours, en ce qu'il brise ou endolorit toute la vie, et qu'avant de l'abandonner, ils auront pour chers les périls, l'agonie et la mort; — et je suis un de ceux-là; — et toi aussi, Lorenzo.

Mais, si j'écrivais là-dessus ce que j'ai vu et ce que je sais, je ferais une chose inopportune et cruelle, en rallumant en vous tous cette flamme que je voudrais éteindre en moi. — Je pleure, crois-moi, la patrie; je la pleure secrètement, et je désire

> Que je répande seul mes larmes ignorées.

Une autre espèce d'amateurs d'Italie se plaint à haute voix, criant qu'ils ont été vendus et livrés; mais, s'ils se fussent armés, ils eussent été vaincus peut-être, mais non pas trahis; et, s'ils s'étaient défendus jusqu'à la dernière goutte de leur sang, les vainqueurs n'eussent pas pu les vendre, et les vaincus n'eussent point tenté de se racheter. Il y en a beaucoup parmi nous qui croient que la liberté se peut payer à prix d'argent, qui pensent que les nations étrangères viennent, par amour de l'équité, s'égorger réciproquement dans nos campagnes pour délivrer l'Italie; mais les Français, qui ont rendu odieuse la divine théorie de la liberté publique, feront les Timoléons à notre égard. — Beaucoup espèrent dans le jeune héros né de sang italien, né où se parle notre langue; — moi, d'une âme basse et cruelle, je n'attendrai jamais rien d'utile ni d'élevé pour nous; que m'importe qu'il ait le courage et le rugissement du lion, s'il a l'esprit du renard ! Oui, bas et cruel, et les épithètes ne sont pas exagérées ; n'a-t-il pas vendu Venise avec une franche et généreuse fierté ? Selim Ier, qui fit égorger sur le Nil trente mille soldats circassiens qui s'étaient fiés à sa parole, et Nadir schah, qui, dans notre siècle, assassina trois cent mille Indiens, sont plus féroces, c'est vrai, mais moins méprisables. J'ai vu de mes yeux une constitution démocratique, apostillée par le jeune héros, apostillée de sa main, et envoyée de Passeriano à Venise, pour qu'elle y fût acceptée ; et le traité de Campo-Formio était déjà signé depuis plusieurs jours, et Venise vendue : et la confiance que le héros nous inspirait à tous a rempli l'Italie de proscrits, d'émigrants et d'exilés. Je n'accuse pas la raison d'État, qui vend les nations comme des troupeaux de bêtes : ce fut et ce sera toujours ainsi mais je pleure ma patrie,

> Qui me fut enlevée, et de telle manière,
> Que l'offense en mon cœur vit encore tout entière.

Il est né Italien, et secourra un jour la patrie. — Qu'un autre le croie ; moi, j'ai répondu et je répondrai toujours : « La nature le créa tyran, et le tyran n'a point d'égard à la patrie. Il n'en a pas ! »

Quelques-unes des nations, en voyant les plaies de l'Italie, vous disent qu'il faut savoir les guérir avec les remèdes extrêmes nécessaires à la liberté. C'est vrai, l'Italie a des abbés et des moines; mais elle n'a plus de prêtres; car, là où la religion n'est point incarnée dans les lois et dans les mœurs d'un peuple, l'administration du culte n'est plus qu'un commerce. L'Italie a des nobles encore tant que tu voudras, mais elle n'a plus de patriciens; les patriciens défendaient l'Italie d'une main pendant la guerre, et la gouvernaient de l'autre pendant la paix. Tandis qu'en Italie, maintenant, la grande prétention des nobles est de ne faire ni savoir rien. Enfin nous avons encore un peuple, mais nous n'avons plus de citoyens, ou bien peu, du moins. Les médecins, les avocats, les professeurs d'université, les lettrés, les riches marchands, l'innombrable foule des employés font des arts libéraux et s'intitulent bourgeois; mais ils n'ont ni force ni droit de bourgeoisie. Chacun gagne du pain ou des diamants, son nécessaire ou son superflu, avec son industrie personnelle, mais il n'est pas propriétaire sur ce sol; il est une portion du peuple moins malheureux, mais non pas moins esclave; une terre est possible sans habitants : — un peuple sans terre, jamais. C'est pour cela que le petit nombre de propriétaires territoriaux, en Italie, seront toujours les dominateurs invisibles et les arbitres de la nation. Or, des moines et des abbés, faisons des prêtres; convertissous les nobles en patriciens; tous les habitants, ou une partie du moins, en propriétaires ou en possesseurs de terres. Mais prenons garde. Faisons cela sans carnage, sans impiété, sans factions, sans proscriptions, sans exils, sans l'aide, sans le sang, sans les extorsions des armes étrangères; sans division territoriale, sans lois agraires, sans expropriations des biens paternels ; car, si jamais de pareils remèdes étaient indispensables pour nous tirer de notre perpétuel et infâme esclavage, je ne sais vraiment ce que je préférerais; — ni infamie ni servitude. — Être l'exécuteur de si cruels et souvent de si inefficaces remèdes, jamais : l'individu a toujours quelque voie de salut, lui, ne fût-ce que la tombe. Mais un peuple ne peut pas se suicider d'un coup et tout entier; et cependant, si j'écrivais, j'exhorterais l'Italie à subir en paix sa situation présente, et à laisser à la France le honteux malheur d'avoir sacrifié tant de victimes humaines à la liberté, victimes sur lesquelles le Conseil des cinq cents, ou d'un seul, cela revient au même, a posé et posera son trône vacillant de minute en minute, comme tout trône qui a pour fondement des cadavres.

Le temps depuis lequel je t'ai écrit n'a pas été perdu pour moi; je crois même avoir trop gagné pendant ce temps, mais c'est un gain funeste.

M. T*** a beaucoup de livres de philosophie politique, et des meilleurs écrivains du monde moderne; et, soit pour résister au désir d'aller voir Thérèse, soit par ennui ou par curiosité, je me suis fait envoyer ces livres, et, soit en les lisant, soit en les feuilletant, j'en ai fait les maussades compagnons de mon hiver. — Certes, j'avais cependant une plus aimable compagnie : c'était celle des petits oiseaux, qui, chassés par le froid des montagnes et des prairies, venaient chercher leur nourriture près des habitations des hommes, leurs ennemis, se posaient par famille et par tribu sur mon balcon, où je leur apportais leur dîner et leur souper; mais aussi peut-être que, le froid parti, ils m'abandonneront pour jamais. En somme, j'ai recueilli de mes longues lectures que l'ignorance des hommes est peut-être chose dangereuse, mais que leur connaissance, lorsqu'on n'a pas le courage de les tromper, est une chose funeste. J'ai recueilli que les nombreuses opinions de beaucoup de livres et les contradictions historiques mènent l'esprit le plus arrêté à la confusion, au chaos et au vide; si bien que, si l'on me mettait dans l'obligation de ne jamais lire ou de lire toujours, — je préfèrerais ne jamais lire; et peut-être ferai-je ainsi. J'ai recueilli enfin que nous avons toutes passions vaines, que la vie elle-même n'est qu'une vanité, et que néanmoins dans cette vanité est la source de nos erreurs, de nos larmes et de nos crimes.

Et cependant, je sens plus que jamais revivre dans mon cœur l'amour de la patrie; — et, quand je pense à Thérèse, et qu'en y pensant, j'espère, — je retombe dans une tristesse plus profonde, et je me dis : « Quand ma femme sera aussi la mère de mes fils, mes fils n'auront pas de patrie, et leur mère ne s'apercevra qu'en gémissant qu'elle devient mère ! » Aux autres passions qui se font sentir aux jeunes filles, et surtout aux jeunes filles italiennes, à l'aurore fugitive de leur vie, s'est joint ce malheureux amour de la patrie. Je détourne autant que je peux la conversation de M. T*** des discussions politiques, dans lesquelles il se passionne; sa fille alors n'ouvre jamais la bouche; mais je m'aperçois combien les angoisses de son père et les miennes retentissent jusqu'au plus profond de son cœur. Tu sais que ce n'est point une femme vulgaire et insoucieuse des intérêts publics; car, dans un autre temps, elle eût pu choisir un autre mari; elle est douée d'une âme haute et de nobles pensers, et elle voit combien m'est pesant ce repos d'obscur et froid égoïsme dans lequel languissent tous nos jours.

Vraiment, Lorenzo, même en me taisant, je découvre que je suis misérable et vil à mes propres yeux. La volonté forte et l'impuissance d'agir font le plus malheureux des hommes !» homme passionné en politique; il faut qu'il enferme cette volonté, qu'il l'étouffe dans son cœur; ou il sera ridiculé au monde, ou il fera la figure d'un paladin de roman. Quand Caton se tua, un pauvre patricien, nommé Cosius, se tua comme lui : l'un fut admiré, parce que, avant de recourir à cette extrémité, il avait tout tenté pour ne pas être esclave; l'autre fut raillé, parce que, par amour de la liberté, il n'avait pas su faire autre chose que se poignarder.

Mais, tout cela restant chez moi, je n'en suis pas moins de pensée près de Thérèse; cependant, j'ai encore un tel empire sur moi-même, que je laisse passer trois et quatre jours sans la voir; c'est que son seul souvenir me procure une flamme suave, une lumière, une consolation de vie; — ô courte peut-être, mais divine douceur ! — et c'est ainsi que j'échappe à un désespoir complet.

Et, quand je suis près d'elle — d'un autre peut-être tu ne le croirais pas, Lorenzo; mais de moi, si ! — alors, je ne lui parle pas d'amour : voilà six mois que son âme fraternise avec la mienne, et jamais elle n'a entendu sortir de mes lèvres la certitude de mon amour; mais comment cependant n'en serait-elle pas sûre? M. T*** joue avec moi aux échecs des soirées entières. Elle travaille assise près de la table silencieuse, si ce n'est lorsque parlent ses yeux ; —

mais cela arrive rarement ; — et, se baissant tout à coup, alors ils ne demandent que la pitié : et quelle autre pitié puis-je lui accorder, excepté de retenir, tant que j'en aurai la force, mes passions cachées au fond de mon cœur? Est-ce que je vis pour autre chose qu'elle? et, quand ce nouveau songe d'or sera fini, je baisserai volontiers la toile ! la gloire, la science, la jeunesse, la fortune, la patrie, tous ces fantômes qui, jusqu'à présent, ont joué un rôle dans ma comédie, n'existeront plus pour moi ! je baisserai la toile ; et je laisserai les autres hommes se fatiguer pour accroître les plaisirs et diminuer les douleurs d'une vie qui, à chaque minute, se raccourcit ; et que cependant les malheureux voudraient se persuader immortelle.

Enfin voilà qu'avec mon désordre habituel, et avec un calme inaccoutumé, j'ai répondu à ta longue et affectueuse lettre. — Tu sais, toi, beaucoup mieux exposer les raisons ; mais, moi, je sens trop les miennes ; mais, si j'écoutais plus les autres que moi, j'en arriverais peut-être à m'ennuyer en moi-même, et c'est dans l'absence de cet ennui de soi-même qu'existe le peu de félicité que l'homme peut espérer sur la terre.

3 avril.

Lorsque l'âme est tout entière absorbée dans une espèce de béatitude, nos faibles facultés, accablées par une somme trop forte de bonheur, deviennent presque stupides, muettes et inhabiles à aucune fatigue. Si je ne menais pas une vie d'élu, tu recevrais plus souvent de mes nouvelles. Lorsque le malheur alourdit le fardeau de notre existence, nous courons en faire part à quelque malheureux, et il reprend force de son côté en voyant qu'il n'est pas le seul voué aux larmes; mais, s'il nous luit quelque moment de félicité, nous nous concentrons tout en nous-même, tremblant que notre bonheur ne diminue de la part que pourrait y prendre un ami : et cependant notre orgueil nous pousse à conduire ce bonheur en triomphe; puis il sent médiocrement sa propre passion, ou triste ou joyeuse, celui qui peut trop minutieusement la décrire. — Et cependant, la nature redevient belle, belle comme elle devait être, lorsque, sortant pour la première fois de l'abîme informe du chaos, elle envoya devant elle la riante aurore d'avril, et que celle-ci, abandonnant ses blonds cheveux à l'orient, et ceignant peu à peu l'univers de son manteau de pourpre, versa, bienfaisante, la fraîche rosée, et envoya l'haleine vierge encore de la brise annoncer aux fleurs, aux nuages, aux mers et à tous les êtres enfin qui la saluaient, la présence du soleil; du soleil! sublime image de Dieu, lumière, âme et vie de tout ce qui existe!

6 avril.

Hélas! il n'est que trop vrai, Lorenzo, quelquefois mon imagination me présente le bonheur; il est là, il me semble que je vais le saisir, je tends la main, quelques pas encore et puis... tout à coup le voile se déchire, mon âme ulcérée le voit s'évanouir et s'éloigner d'elle, et se brise alors comme si elle perdait un bien qu'elle possédât depuis longtemps.

Enfin il nous écrit que la chicane a retardé l'appel de sa cause et que la Révolution a fait fermer les tribunaux pour quelque temps; joins à cela l'intérêt qui domine toutes les autres passions, un nouvel amour peut-être... que sais-je, moi? Que te fait tout cela? me diras-tu... Rien, mon cher Lorenzo; à Dieu ne plaise que je veuille profiter de sa froideur! mais conçois-tu que, dans sa position, il puisse rester un jour de plus éloigné de Thérèse?... Insensé que je suis! m'illusionnerais-je donc toujours?... et pour avaler ensuite le breuvage mortel que, moi-même, je me serais préparé?...

11 avril.

... Elle était à demi-couchée sur un sofa en face de la fenêtre des collines, observant d'un œil distrait les nuages qui traversaient le vague de l'air.

— Quel azur profond! me dit-elle en se tournant vers moi.

J'étais à son côté, muet, et les yeux fixés sur sa main, qui tenait un petit livre entr'ouvert... Je ne sais comment cela se fit, mais je ne m'aperçus pas que l'ouragan commençait à mugir, et que le vent du nord, soufflant avec violence, courbait jusqu'à terre les plantes et les jeunes tiges.

— Pauvres arbisseaux! s'écria Thérèse.

Je sortis tout à coup de ma rêverie; la nuit, devenue plus épaisse, n'était interrompue que par la lueur bleuâtre des éclairs, qui la faisaient paraître plus noire encore. La pluie tombait par torrents, la foudre se faisait entendre. Peu après, je vis les fenêtres fermées, et une lumière dans la chambre... Le domestique venait de remplir son office accoutumé, comme il avait l'habitude de le faire lorsqu'on craignait le mauvais temps; il nous avait dérobé le spectacle de la nature irritée : Thérèse, plongée dans une rêverie profonde, ne s'en aperçut point et le laissa faire.

Je lui pris le livre des mains, et, l'ouvrant au hasard, je lus.

« La jeune Glycère exhala sur mes lèvres son dernier soupir. Avec Glycère, j'ai perdu tout ce que je pouvais jamais perdre. Sa tombe est l'unique coin de terre que je daigne appeler mien. Seul, j'en connais la place ; je l'ai couverte de rosiers touffus qui fleurissent comme autrefois fleurissait son visage, et qui répandent une odeur pareille à celle de son souffle. Tous les ans, dans le mois des fleurs, je visite le bosquet sacré... Je m'assieds sur la terre qui recouvre ses cendres, je cueille une rose, et je me dis : « Ainsi tu fleuris un jour... » Puis je l'effeuille, et je l'éparpille... Je me rappelle le doux songe de nos amours... O ma bien-aimée, où es-tu ?... Une larme alors, s'échappant de mes yeux, arrose l'herbe qui pointe sur sa tombe... et apaise son ombre amoureuse. »

Je me tus...

— Pourquoi ne continuez vous pas ? me dit Thérèse en soupirant et en fixant sur moi ses regards mélancoliques.

Je repris alors..... Mais, lorsque j'en fus à ces mots : « Ainsi tu fleuris un jour, » ma voix étouffée s'arrêta, et une larme de Thérèse tomba sur ma main, qui serrait la sienne...

17 avril.

Tu te rappelles, Lorenzo, cette jeune personne qui, il y a quatre ans, habita au bas de nos collines? Tu sais qu'elle aimait notre ami Olivier P***, et tu sais comment, étant pauvre, il ne put l'épouser à cause de sa pauvreté? Je l'ai revue aujourd'hui, mariée à un noble parent de la famille T***; car, en passant par ses propriétés, elle est venue faire une visite à Thérèse : j'étais assis à terre, sur un tapis, près de la petite Isabelle, qui épelait l'alphabet sur une chaise... En l'apercevant, je me levai et je courus à elle presque pour l'embrasser... Quel changement ! dédaigneuse, affectée ! Ce ne fut qu'au bout de quelque temps qu'elle sembla se souvenir de m'avoir vu autrefois. Alors, elle nous balbutia, moitié à moi, moitié à Thérèse, un compliment qu'elle avait probablement préparé, mais que ma présence inattendue lui avait fait oublier, et, se remettant à parler bijoux, colliers, rubans, elle reprit son aplomb. Je crus faire un acte de charité en détournant la conversation de pareilles fadaises, et, comme toutes les jeunes filles deviennent plus belles de visage et n'ont plus besoin d'ornements lorsqu'elles parlent modestement de leur cœur, je lui rappelai cette campagne et ces jours...

— Oui, oui, me répondit-elle négligemment.

Elle se remit à vanter l'excellence du travail de ses pendants d'oreille. Le mari cependant (qui, dans le grand peuple des Pygmées, a peut-être escroqué la réputation de savant comme l'Algarotti, le*** et tant d'autres), semant son parler toscan de mille phrases françaises, prit la parole, et renchérit encore sur le prix de ces bagatelles et le bon goût de son épouse.

Je m'étais levé pour prendre mon chapeau, un coup d'œil de Thérèse me fit rasseoir, et la conversation tomba sur des livres que nous lisions à la campagne. C'est alors que tu aurais entendu notre homme nous faire le catalogue de sa prodigieuse bibliothèque, de ses superbes éditions, des auteurs anciens qu'il avait, disait-il, grand soin de compléter dans ses voyages. J'en riais au fond du cœur, et lui continuait son dénombrement, lorsque Jésus permit qu'un domestique, qui était allé chercher M. T***, revînt dire qu'il était à la chasse dans les montagnes. Cet incident arrêta l'énumération; et je profitai de ce moment de relâche pour demander à l'épouse des nouvelles de son ancien amant Olivier, que je n'avais pas revu depuis ses malheurs; que devins-je, Lorenzo, lorsque je l'entendis me répondre froidement :

— Il est mort!

— Il est mort? m'écriai-je en me levant brusquement et en fixant sur elle des yeux égarés.

Je décrivis alors à Thérèse l'excellent caractère de ce jeune homme sans pareil; je lui racontai comment le sort acharné contre lui le conduisit au tombeau dans une affreuse misère, et comment il mourut cependant pur de taches et de fautes.

Le mari se mit alors à nous donner des détails sur la mort du père d'Olivier, sur les prétentions de son frère aîné, sur les procès toujours embrouillés qui furent portés devant les tribunaux, lesquels, ayant à juger entre deux fils d'un même père, enrichirent l'un en dépouillant l'autre; et à nous dire comment le pauvre Olivier épuisa dans les cabales du barreau le peu qui lui restait. — Alors, il moralisa longuement sur ce jeune homme extravagant qui refusa les bienfaits que lui offrait son frère, et qui, au lieu de l'apaiser par sa soumission, ne fit que l'aigrir encore davantage.

Je l'interrompis.

— Fallait-il, m'écriai-je avec force, parce que son frère était injuste, qu'Olivier s'avilît? Malheureux celui qui ferme son cœur aux conseils de l'amitié, qui dédaigne les soupirs de la compassion, et qui repousse les secours que lui présente la main d'un ami!... mais mille fois plus malheureux encore celui qui, se confiant au riche, cherche la vertu où n'a jamais existé le malheur! Le puissant ne s'allie à l'infortuné que pour acheter sa reconnaissance, et profiter ainsi des caprices du sort pour l'opprimer... Les malheureux seuls savent compatir au malheur, et mêler les douces larmes de la pitié aux pleurs amers de l'infortune; mais celui qui s'est assis une fois à la table du riche s'aperçoit bientôt, quoique trop tard encore,

Combien le pain d'autrui semble amer à la bouche.

— Et comptez-vous pour rien, poursuivis-je, l'humiliation de mendier l'existence et de maudire, cent fois le jour, l'indiscret protecteur qui, bienfaisant par ostentation, exige pour sa récompense votre avilissement et votre servitude?

— Mais, reprit le mari, vous ne m'avez pas donné le temps de finir; puisque Olivier sortit de la maison paternelle, abandonnant à son frère aîné tous ses droits, pourquoi paya-t-il, depuis, les créanciers de son père et alla-t-il lui-même au-devant de l'indigence, en diminuant par sa sotte délicatesse ce qui lui revenait de l'inventaire de sa mère?

— Pourquoi?... Et, si celui qui fut déclaré l'héritier trompa les créanciers par de vains subterfuges, Olivier devait-il souffrir que les os de son père fussent maudits par ceux-là mêmes qui l'avaient secouru dans son adversité, et que lui fût montré au doigt comme le fils d'un banqueroutier?... Cette générosité déshonore son aîné, qui était incapable de l'imiter, et qui, après avoir tenté de l'avilir par des bienfaits qu'il refusa, lui jura une haine éternelle, une haine de frère. Pendant ce temps, Olivier perdit l'appui de ces hommes qui au fond du cœur étaient forcés de rendre justice à sa loyauté, mais qui se bornaient là, parce qu'il est plus facile d'approuver la vertu que de la pratiquer et de la défendre. Pourquoi l'homme de bien jeté au milieu des méchants n'y peut-il jamais être heureux? C'est que nous sommes habitués à prendre toujours le parti du plus fort, à fouler aux pieds le plus faible, et à ne juger jamais que d'après l'événement.

Ils ne me répondaient pas. — Peut-être étaient-ils convaincus... ou, si je ne les avais pas persuadés, je les avais rendus au moins rêveurs.

— Oh! loin de plaindre Olivier, continuai-je, je rends grâce à Dieu, qui, l'appelant à lui, l'éloigne de tant d'hypocrisie et d'imbécillité; car, à dire vrai, nous autres dévots de la vertu, nous sommes des niais et des imbéciles. Il y a certains hommes qui ont besoin de la mort parce qu'ils ne peuvent s'accoutumer aux crimes des mauvais et à la pusillanimité des bons.

La femme était attendrie au moins!

— Hélas ! ce mot n'est que trop vrai ! dit-elle en poussant un soupir ; mais l'homme qui ne peut se passer du pain d'autrui ne doit être si chatouilleux sur le point d'honneur.

— Eh ! voilà encore un de vos blasphèmes ! m'écriai-je ; pensez-vous, parce que vous êtes favorisés de la fortune, que vous seuls soyez dignes et probes ? parce que votre âme obscure ne peut réfléchir l'image de la vertu, vous voudrez l'effacer aussi dans le cœur des malheureux, dont elle fait la seule consolation, et échapper ainsi aux remords de votre conscience ?

Les regards de Thérèse me donnaient raison ; pourtant elle tâchait de changer la conversation ; mais je ne pouvais plus me taire, bien que maintenant je sois fâché de cette sortie. Les yeux de la femme étaient baissés vers la terre, et leur âme, au reste, à tous deux, était atterrée, lorsque je continuai d'une voix terrible :

— Ceux qui jamais n'ont connu l'adversité sont indignes de leur bonheur ; orgueilleux ! ils ne regardent la misère que pour l'insulter ; ils prétendent que tout doit s'offrir en tribut à leurs richesses et à leurs plaisirs. Mais l'homme qui, dans le malheur, conserve sa dignité est à la fois un objet de consolation pour les bons et de honte pour les méchants.

Et je suis sorti alors, m'élançant hors de la chambre, en m'enfonçant les mains dans les cheveux.

Oh! grâce aux premiers événements de ma vie qui m'ont fait malheureux!... sans eux, Lorenzo, je ne serais peut-être pas ton ami, ni celui de cette femme céleste... Depuis ce moment, j'ai toujours devant les yeux l'aventure de ce matin... et ici encore... où je suis seul, absolument seul... je regarde autour de moi, et je crains de revoir quelqu'une de mes anciennes connaissances... Qui l'aurait jamais dit, Lorenzo? son cœur n'a point palpité au souvenir de son premier amour; que dis-je! elle a osé troubler la cendre de celui qui, avant tout autre, lui inspira ce sentiment universel, âme de la vie... Pas un soupir!... Insensé que je suis, et je m'afflige... parce que je ne puis trouver dans les hommes cette vertu qui peut-être n'est qu'un vain mot! — O nécessité qui se transforme selon les passions et les circonstances!... O puissance de la vie chez quelques individus, qui, loyaux et miséricordieux par caractère, sont forcés à une guerre perpétuelle contre le reste des hommes, et qui, un jour enfin, las de la lutte, de bon gré ou de force, doivent ouvrir les yeux à la lumière funèbre du désenchantement...

Je ne suis point méchant, tu le sais, Lorenzo; dans ma jeunesse, j'aurais répandu des fleurs sur la tête de tous les vivants. Qui m'a rendu sévère et défiant envers la plus grande partie des hommes, si ce n'est leur hypocrite cruauté? Je leur pardonnerais encore tous les torts qu'ils m'ont causés. Mais, quand la vénérable pauvreté passe devant moi, me montrant ses veines sucées par la toute-puissante opulence; quand je vois tant d'hommes malheureux, emprisonnés, mourants de faim et courbés sous le fléau terrible de certaines lois... alors, je ne puis complicer avec le monde, et il faut que je crie vengeance parmi cette foule de malheureux dont je partage le pain et les larmes; et je brûle de réclamer en leur nom la portion d'héritage que la nature, mère bienfaisante et impartiale, leur avait accordée comme aux autres. La nature!... il est vrai qu'elle nous a faits si mauvais, qu'elle peut nous repousser sans être une marâtre.

Oui, Thérèse, je vivrai avec toi, mais je ne vivrai pas sans toi; tu es un de ces quelques anges que le Ciel répand à la surface de la terre pour faire chérir la vertu, et faire renaître dans le cœur des affligés et des malheureux l'amour de l'humanité... Mais, si jamais je te perdais, quelle félicité resterait à mon pauvre cœur dégoûté de tout le reste du monde?

O Lorenzo! si tu avais vu, lorsque je retournai chez elle, avec quelle expression elle me tendit la main en me disant :

— Apaisez-vous, Ortis.

Je crois que vraiment ces deux personnes se repentent, et que, si Olivier n'avait point été malheureux, il aurait pu trouver encore un ami !

— Ah ! s'écria-t-elle après avoir gardé quelque temps le silence, pour chérir la vertu et plaindre l'infortune, il faut donc avoir vécu dans la douleur !...

O Lorenzo, Lorenzo ! toutes les beautés de son âme céleste resplendissaient sur son visage.

29 avril.

Je suis près d'elle, Lorenzo, et si plein de vie, qu'à peine ai-je la force de me sentir vivre. C'est ainsi que parfois, au sortir d'un profond sommeil, si le soleil frappe ma vue, mes yeux éblouis se perdent dans un torrent de lumière.

Depuis longtemps, j'ai honte de ma paresse : au retour du printemps, je me promettais d'étudier la botanique ; et, en quinze jours, j'avais rassemblé plusieurs centaines de plantes, qui depuis se sont égarées. Il m'est arrivé même d'oublier mon Linné sur un des bancs du jardin ou au pied de quelque arbre ; finalement je l'ai perdu, et, hier, Michel m'en a rapporté deux feuillets tout humides de rosée, et, ce matin, j'ai appris que le reste avait été déchiré par le chien du jardinier.

Thérèse me gronde : pour la contenter, je me mets à écrire; mais à peine ai-je commencé avec les plus belles dispositions du monde, que je m'arrête à la deuxième ou troisième période. Mille phrases, mille idées se succèdent dans mon esprit, je choisis, je corrige pour choisir et corriger encore ; puis à la fin, accablé de lassitude, mes pensées se confondent, mes doigts abandonnent la plume, j'ai perdu mon temps, la fatigue me reste, et ma journée s'est écoulée à ne rien faire. Je t'ai déjà dit qu'écrire un livre est une chose au-dessus et au-dessous de mes forces : examine l'état de mon âme, et tu verras que c'est déjà beaucoup que d'écrire une lettre...

La sotte figure que je fais près de Thérèse lorsque je lis et qu'elle travaille ! je m'interromps à chaque instant, et elle me dit :

— Poursuivez donc.

Je me remets à lire; au bout de deux pages, ma prononciation devient plus rapide, je finis par bégayer.

— Lisez donc mieux, me dit-elle.

Je continue, mais peu à peu mes yeux se détournent du livre et se fixent sur son visage d'ange ; je m'arrête, le livre me tombe des mains, il se ferme... je perds l'endroit où j'en suis, et je cherche en vain à le retrouver. Thérèse voudrait se fâcher, — et elle sourit.

Ah ! si je pouvais jeter toutes mes idées sur le papier au moment où elles me passent par la tête! La couverture et les marges de mon Plutarque sont remplies de notes qui ne sont pas plus tôt écrites, qu'elles me sortent de la mémoire; et, lorsque ensuite je les relis, je les trouve vides d'idées, décousues et froides. Cette habitude de noter ses pensées avant de les laisser mûrir dans l'esprit est vraiment misérable. C'est ainsi que l'on fait aujourd'hui des livres composés avec d'autres livres et qui ressemblent à une mosaïque. Et moi aussi, sans intention, entraîné par l'exemple, j'ai fait ma mosaïque. Dans un livre anglais, j'ai trouvé un récit de malheurs... et il me paraissait, à chaque phrase, que je lisais les infortunes de notre pauvre Laurette. Le soleil éclaire donc partout et toujours les mêmes douleurs sur la terre ! Et moi, pour ne pas perdre tout à fait mon temps, j'ai voulu m'éprouver en écrivant les aventures de Laurette, et en détruisant précisément les parties du livre anglais qui s'y rapportent; ainsi, en ajoutant quelque chose du mien, j'aurai raconté ce qui est vrai, quoique le texte réel soit un roman. Je voulais, dans cette malheureuse créature, montrer à Thérèse un miroir de la fatalité en amour. Mais crois-tu que les maximes, les conseils et les exemples des malheurs d'autrui aient d'autres résultats que d'irriter encore nos passions? D'ailleurs, au lieu de lui raconter l'histoire de Laurette, je lui ai parlé de moi. Tel est l'état de mon âme, elle en revient toujours à sonder ses propres plaies... Au reste, je ne laisserai pas lire à Thérèse ces quelques pages, elles lui feraient plus de mal que de bien. — Lis-les, toi. — Adieu.

FRAGMENT

DE L'HISTOIRE DE LAURETTE

« Je ne sais si le ciel s'inquiète de la terre ; mais, s'il s'en est jamais inquiété, et cela est possible, au reste, le premier jour où la race humaine a commencé de fourmiller, je crois qu'alors le Destin a écrit sur les livres éternels :

L'homme sera malheureux.

» Je n'ose appeler de ce jugement, parce que je ne saurais à quel tribunal, et que je me plais à le croire utile à tant d'autres races vivantes qui peuplent les mondes innombrables. Je rends grâce néanmoins à cet esprit qui, en se mêlant à l'universalité des êtres, les renouvelle sans cesse en les détruisant. En compensation de la douleur, il nous a donné les larmes, il a puni ces hommes qui, dans leur insolente philosophie, veulent se révolter contre le sort humain en leur refusant le bonheur inépuisable de la pitié.

» Si vous voyez votre semblable malheureux et pleurant, ne pleurez pas [1]. Stoïque! ne sais-tu pas que les larmes de la compassion sont plus douces pour les malheureux, que la rosée du matin ne le fut jamais pour les plantes desséchées?

» O Laurette, j'ai pleuré avec toi sur la bière de ton pauvre bien-aimé, et je me souviens que ma pitié tempérait l'amertume de ta douleur; alors, tu t'abandonnais sur mon sein; tes blonds cheveux couvraient mon visage; les larmes qui sillonnaient tes joues retombaient sur les miennes, et avec ton mouchoir j'essuyais et je ressuyais ces larmes qui, se renouvelant sans cesse, roulaient de tes yeux sur tes lèvres... Tu étais abandonnée de tous... Mais, moi,... jamais je ne t'abandonnai...

» Lorsque, t'échappant, hors de toi, tu errais sur les grèves désertes de la mer, je suivais furtivement tes pas pour te préserver du désespoir et de ta douleur; puis je t'appelais doucement par ton nom, tu t'arrêtais alors pour me tendre la main, et t'asseoir à mes côtés. La lune se levait au ciel; toi, en la suivant des yeux, tu chantais tristement. Il est des hommes qui peut-être eussent souri de ta démence;

1. Épictète.

mais le consolateur des malheureux qui voit du même œil la folie et la sagesse des hommes, qui compatit également à leurs crimes et à leurs vertus, entendait peut-être ton hymne mélancolique, et faisait descendre dans ton sein quelque douce consolation. Les prières de mon cœur t'accompagnaient; les prières et les vœux des âmes attristées montent toujours au trône de Dieu. Les flots gémissaient avec un doux murmure, et la brise, en les ridant, les poussait à baiser la rive sur laquelle nous étions assis; et, toi tu te levais, et, t'appuyant sur mon bras, tu t'avançais vers cette pierre où tu croyais voir ton Eugène, et sentir sa main, et sa voix, et ses baisers... Puis tout à coup :

» — Oh! que me reste-t-il? t'écriais-tu ; la guerre a éloigné mes frères... la tombe a dévoré mon père et mon amant... Abandonnée de tous... de tous!...

» O beauté, génie bienfaisant de la nature! partout où tu montres ton doux sourire, la joie éclôt, le bonheur renaît, et la volupté se répand pour éterniser la vie de l'univers... Qui ne te connaît pas, qui ne te sent pas, est à charge aux autres et à lui-même. Mais, lorsque la vertu te rend plus chère; lorsque le malheur, t'enlevant ta sérénité, t'expose aux regards des hommes, les cheveux épars et dépouillés de leur guirlande joyeuse... ah! quel est celui qui peut passer devant toi et ne t'offrir qu'un inutile regard de compassion ?

» Mais, moi, Laurette, je t'offrais mes larmes, et cette retraite où *tu aurais mangé mon pain et bu dans ma coupe*, et où tu te serais endormie sur mon sein ; tout ce que je possédais enfin : et peut-être près de moi ta vie, sans être heureuse, serait du moins demeurée libre et tranquille. L'âme dans la solitude et la paix va peu à peu oubliant ses douleurs, parce que le bonheur et la liberté se plaisent dans la simple et solitaire nature.

» Un soir d'automne, — où la lune, se montrant à peine, brisait ses rayons sur les nuages épars, qui, marchant près d'elle, la couvraient de temps en temps ; et, répandus par tout le ciel, cachaient au monde les étoiles, — nous nous arrêtâmes pour regarder les feux lointains des pêcheurs et écouter les chants des gondoliers, qui, du bruit de leurs rames, troublaient le calme de l'obscure lagune. Laurette, se tournant alors, chercha des yeux son bien-aimé, et, se levant toute droite, elle fit quelques pas en l'appelant ; puis, fatiguée, elle revint s'asseoir où j'étais assis. Épouvantée de sa solitude, me regardant tristement, elle sembla me dire :

» — Et toi aussi, tu m'abandonneras ?

» Et alors, elle appela son chien.

» Moi !... Qui l'aurait dit jamais, que cette soirée

dût être la dernière que j'eusse à passer avec elle ?...
Elle était vêtue de blanc; un ruban bleu rassemblait
sa chevelure, et trois violettes fanées étaient atta-
chées au tissu léger qui couvrait son sein... Je l'accompagnai jusqu'au seuil de sa porte, et sa mère,
qui vint nous ouvrir, me remercia du soin que je
prenais de sa malheureuse fille. Lorsque je fus seul,
je m'aperçus que son mouchoir était resté entre mes
mains :

» — Je le lui rendrai demain, me dis-je.

» Ses maux commençaient à s'adoucir, et peut-
être... Il est vrai que je ne pouvais te rendre ton Eugène; mais j'aurais pu te tenir lieu d'époux, de père
et de frère... Mes concitoyens, devenus mes persécuteurs, se réjouissant des menottes que les étrangers
leur venaient mettre aux mains, proscrivirent mon
nom, et je ne pus, ô Laurette, te laisser même le
ernier adieu.

» Lorsque je pense à l'avenir, je ferme les yeux
pour ne point le connaître; et je tremble et je laisse
retourner ma mémoire vers les jours passés; je m'é-
gare sous les arbres de la vallée, je repense au doux
murmure de la mer, aux feux lointains des pêcheurs et au chant des gondoliers... Pensif, je m'appuie contre un arbre et je me dis :

— » Le Ciel me l'avait donnée, mais la fortune
contraire me l'a ravie.

» Je tire son mouchoir!

» — Malheureux qui aime par ambition! mais ton cœur, ô Laurette, avait été formé par la seule nature...

» — J'essuie mes larmes, et je reprends tristement le chemin de ma demeure.

» Mais, toi, Laurette, que fais-tu maintenant?... Peut-être erres-tu sur la plage en envoyant à Dieu tes prières et tes larmes. Viens, tu cueilleras les fruits de mon jardin, tu partageras mon pain, et tu boiras dans ma coupe, et tu reposeras sur ma poitrine, et tu sentiras comme bat mon cœur de mille passions différentes; et, lorsque parfois tes douleurs se réveilleront, lorsque l'esprit sera vaincu par la passion, je viendrai derrière toi pour te soutenir au milieu du chemin, pour te guider et te ramener vers ma maison; mais je viendrai derrière toi en silence pour te laisser au moins le soulagement des larmes; je serai pour toi père et frère; mais, ô Laurette, mais mon cœur! si tu pouvais voir mon cœur!... Une larme tombe sur mon papier et efface ce que je viens d'écrire.

» Je l'ai vue autrefois toute florissante de jeunesse et de beauté, et, depuis, folle, maigrie et défigurée, je l'ai vue baiser les lèvres mourantes de son unique consolateur!... et, depuis, dans une pieuse superstition, s'agenouillant devant sa mère pour la supplier d'éloigner d'elle la malédiction que, dans un jour de fureur, elle avait appelée sur la tête de sa fille! — O Laurette, tu as laissé dans mon âme le souvenir éternel de tes douleurs! héritage précieux que je voudrais partager avec vous tous, vous qui n'avez plus d'autre consolation que d'aimer la vertu et de pleurer sur elle. Vous ne me connaissez point; mais, en quelque lieu que vous soyez, nous sommes frères. Ne haïssez pas les hommes heureux, fuyez-les... »

4 mai.

As-tu vu quelquefois, après la tempête, un rayon éclatant du soleil percer les nuages de l'orient et ranimer la terre ?... Tel est l'effet que produit sur moi sa vue; j'étouffe mes désirs, je condamne mes espérances, je pleure sur mon égarement, je ne l'aimerai plus, je ne la verrai plus... J'entends une voix qui m'appelle traître, et cette voix est celle de son père! Je m'élève contre moi-même, je sens se réveiller dans mon cœur une vertu qui m'épure, presque un remords enfin, et me voilà affermi dans ma résolution... affermi plus que jamais!... et puis tout à coup Thérèse paraît. A l'aspect de son visage, toutes mes illusions reviennent, mon âme change et s'oublie elle-même, et se perd dans la contemplation de sa beauté.

8 mai.

« Elle ne t'aime pas, et, quand même elle voudrait t'aimer, elle ne le pourrait encore. » C'est vrai, Lorenzo ; mais, si je consentais à m'arracher le voile des yeux, je n'aurais plus, je le sens, qu'à les fermer du sommeil éternel ; puisque sans cette angélique lumière la vie ne serait plus pour moi que terreur... le monde que chaos... et la nature qu'une nuit sombre et déserte... C'est éteindre les flambeaux qui éclairent le théâtre, et désenchanter les spectateurs, tandis qu'on pourrait, en ne baissant qu'à demi la toile, leur laisser au moins l'illusion... « Mais l'illusion te sera fatale, » me dis-tu.

Eh ! que m'importe, si la réalité m'assassine ?...

J'entendais, un dimanche, le curé faire un reproche à ses paroissiens de ce qu'ils s'enivraient, et il ne s'apercevait pas comme il empoisonnait, pour ces malheureux, la consolation d'oublier, dans l'ivresse du soir, les fatigues de la journée, de ne plus sentir l'amertume de leur pain trempé de sueurs et de larmes, et de ne pas penser à la rigueur et à la faim dont les menace le prochain hiver.

11 mai.

Sans doute que la nature ne peut se passer de notre globe et de la race tracassière qui l'habite ; car, pour assurer la conservation de tous, et les retenir dans une réciproque fraternité, elle a créé chaque homme tellement égoïste, qu'il désirerait volontiers l'anéantissement de l'univers pour vivre plus certain de sa propre existence, et demeurer le maître solitaire de toute la création. Pas une seule génération ne s'est, depuis que le monde existe, écoulée dans la paix ; la guerre fut toujours l'arbitre des droits, et la force la dominatrice des siècles : ainsi l'homme, ouvertement ou en secret, est toujours l'implacable ennemi de l'humanité. En veillant à sa conservation par tous les moyens, il seconde le vœu de la nature, qui a besoin de l'existence de tous, et les descendants de Caïn et d'Abel, quoiqu'ils imitent leurs premiers parents et se frappent les uns les autres, vivent et se propagent.

Or, écoute !

J'ai accompagné, ce matin, Thérèse et sa sœur à la maison d'une de leurs connaissances qui est venue passer l'été à la campagne. Je croyais rester avec elles ; mais, par malheur, j'avais, depuis la semaine passée, promis au chirurgien d'aller dîner avec lui ; et, si Thérèse ne m'en avait fait souvenir, pour te dire vrai, je l'avais entièrement oublié. Je me suis donc mis en chemin une petite heure avant midi ; mais, écrasé de chaleur, je me suis, à moitié route, couché sous un olivier. Au vent d'hier, qui était hors de saison, a succédé aujourd'hui une insupportable chaleur, et j'étais là au frais, et pensant comme si j'avais déjà dîné, lorsqu'en tournant la tête, j'aperçus un paysan qui me regardait avec colère.

— Que faites-vous là? me dit-il.

— Vous le voyez, je me repose.

— Avez-vous des propriétés? continua-t-il en frappant la terre de la crosse de son fusil.

— Et pourquoi?

— Pourquoi?... Parce qu'alors, si vous en avez, couchez-vous sur elles, et ne venez pas fouler l'herbe des autres.

Et, s'en allant :

— Faites qu'à mon retour je vous y trouve !...

Je ne m'étais pas ému le moins du monde, et il s'en était allé. D'abord, je n'avais point pris garde à ses bravades; mais, en y repensant, — *si vous en avez !...* me parut infâme. Ainsi donc, si la fortune n'avait pas accordé à mes ancêtres deux perches de terrain, tu m'aurais refusé, dans la partie la plus stérile de ton champ, la dernière aumône d'une tombe. Mais, remarquant que l'ombre des oliviers s'allongeait, je me souvins du dîner.

En revenant le soir chez moi, je trouvai sur ma porte l'homme de la matinée.

— Monsieur, me dit-il, j'étais là vous attendant.

Si jamais... Vous vous serez peut-être courroucé contre moi ; je vous demande pardon.

— Remettez votre chapeau, répondis-je ; vous ne m'avez point offensé.

Pourquoi mon cœur dans les mêmes occasions est-il tantôt calme et tantôt tempête?...

Un voyageur disait : « Le flux et le reflux de mes humeurs gouverne toute ma vie. » Peut-être, un instant auparavant, mon dédain eût-il été plus grand que l'insulte ; car pourquoi nous abandonner ainsi au bon plaisir de celui qui nous offense, en permettant qu'il nous tourmente avec une injure que nous n'avons pas méritée ? Vois comme l'amour-propre, par cette pompeuse sentence, s'efforce d'élever à la hauteur d'un mérite une action qui dérive peut-être de... — que sais-je ? — en pareille circonstance, je n'ai pas toujours usé d'une semblable modération : il est vrai qu'une demi-heure après, j'en étais fâché ; mais la raison est revenue en boitant, et le repentir pour celui qui aspire à la sagesse est toujours trop tardif ; aussi ne suis-je point un sage, je suis un de ces si nombreux enfants de la terre, je porte avec moi toutes les passions et toutes les misères de mon espèce.

Cependant, le paysan poursuivait :

— J'ai manqué d'égards envers vous, monsieur ; mais je ne vous connaissais pas, et des laboureurs qui fauchaient du foin dans le pré voisin m'ont averti de ma méprise.

— Il n'y a pas de mal, brave homme. Comment va le grain cette année?

— Nous souffrirons de la cherté; mais je vous prie, monsieur, veuillez m'excuser; plût à Dieu que je vous eusse connu !

— Brave homme, soit que vous connaissiez ou non, n'offensez désormais personne, parce que vous courez toujours risque d'irriter le puissant ou de maltraiter le faible. Quant à moi, ne vous en inquiétez pas.

— Vous avez raison, monsieur; Dieu vous récompense !

Et il s'en alla. — Demain, il sera peut-être pis; il y a un je ne sais quoi d'imprimé dans le visage, et l'instinct des animaux raisonnables, quand ils sont insensibles à la honte, est un instinct pernicieux pour tous ceux qui ont affaire à eux.

Cependant, tous les jours, les victimes de l'usurpateur de ma patrie deviennent plus nombreuses; combien de mes malheureux compatriotes exilés ne pourront trouver un lit d'herbe et l'ombre d'un olivier?... Dieu le sait ! L'infortuné proscrit est chassé du champ stérile où paissent tranquillement les troupeaux !...

13 mai.

Je ne l'ai point osé, Lorenzo, je ne l'ai point osé !... Je pouvais l'embrasser, je pouvais la presser là sur mon cœur... Je l'ai trouvée endormie, le sommeil tenait fermés ses grands yeux noirs ; mais les roses de son visage s'étaient répandues plus fraîches que jamais sur ses joues humides, son corps était négligemment abandonné sur un sofa, un bras soutenait sa tête, tandis que l'autre pendait mollement ; souvent je l'ai vue à la promenade, à la danse ; j'ai senti retentir jusqu'au fond de mon cœur les accents de sa voix et les sons de sa harpe : je l'adorais alors, comme si je l'eusse vue descendre du paradis ; mais belle comme aujourd'hui, jamais, non, jamais je ne l'avais vue : ses vêtements légers me laissaient apercevoir les contours de ses formes angéliques. Mon âme la contemplait... et, que te dirais-je, Lorenzo ?... toutes les extases et toutes les fureurs de l'amour me brûlaient et m'emportaient hors de moi. Je touchais tour à tour, et comme un fanatique ferait de la nappe de l'autel, sa robe flottante, sa chevelure parfumée, et le bouquet de violettes qu'elle avait au milieu du sein... Oui, oui, sous cette main devenue sacrée, je sentais battre son cœur, je respirais l'haleine qui s'échappait de sa bouche entr'ouverte !... j'étais prêt à boire toute la volupté de ses lèvres célestes; un seul baiser... et j'eusse béni les larmes que depuis si longtemps je dévore pour elle... Mais alors!... alors, je l'entendis soupirer dans son sommeil... Je m'arrêtai comme retenu par une main divine...

— C'est moi, me dis-je, qui le premier t'ai appris l'amour et les larmes; peut-être as-tu cherché un instant de sommeil, parce que j'ai troublé tes nuits autrefois innocentes et tranquilles...

A cette pensée, je me suis prosterné devant elle... immobile et retenant ma respiration... et je l'ai fuie précipitamment pour ne pas la rendre à la vie; elle ne se plaint jamais, et ce silence redouble ma peine; mais son visage de plus en plus triste, son regard noyé dans une triste langueur, ses tressaillements au seul nom d'Odouard... ses soupirs en pensant à sa mère... ah! Lorenzo, le Ciel nous l'eût-il accordée, si elle n'eût pas dû supporter sa portion de nos douleurs?... Dieu éternel, existes-tu vraiment pour nous, ou n'es-tu qu'un père dénaturé qui se complaît aux soupirs et aux larmes de ses enfants?... Lorsque tu envoyas sur la terre la vertu, ta fille aînée, tu lui donnas pour guide la douleur; mais aussi pourquoi laisser la jeunesse et la beauté sans force pour soutenir les châtiments d'un aussi sévère instituteur? Dans toutes mes afflictions, j'ai levé vers toi mes bras suppliants, mais sans jamais oser me plaindre ni pleurer; mais, maintenant, oh! pourquoi me laisser entrevoir le bonheur pour me l'enlever ensuite pour jamais?... Pour jamais? Oh! non, non, Thérèse est toute mienne, tu me l'as accordée, ô mon Dieu! lorsque tu me créas un cœur capable de l'aimer... éternellement... immensément!...

14 mai.

Si j'étais peintre, qu'elle riche matière pour mes pinceaux! l'artiste, plongé dans l'idée délicieuse du beau, éteint ou du moins adoucit toutes ses autres passions... Ah! si j'étais peintre!... j'ai trouvé parfois dans leurs compositions, ainsi que dans celles des poëtes, la nature simple et belle... mais la nature grande, immense, inimitable, jamais. Homère, le Dante et Shakspeare, ces trois maîtres de tous les esprits surhumains, ont enflammé mon imagination et se sont emparés de mon cœur; j'ai baigné leurs vers de larmes brûlantes, et j'ai adoré leurs ombres divines comme si je les voyais assis dominants dans la lumière, et les mondes, et l'éternité. Les originaux que j'ai devant les yeux ont rempli toutes les facultés de mon âme, et je n'oserais, Lorenzo, je n'oserais, fussé-je Michel-Ange, tirer la première ligne de ce vaste tableau... Dieu puissant, lorsque tu daignes arrêter les regards sur une soirée de printemps, je suis certain que tu te félicites de ta création, et j'ai, jusqu'à présent, regardé avec indifférence cette source inépuisable de bonheur que tu versais à mes pieds pour me consoler !...

Sur la cime des monts dorés par les derniers rayons du soleil, je domine une chaîne de collines sur lesquelles je vois ondoyer les moissons, et la vigne s'enlacer en riches guirlandes à l'entour des oliviers et des ormeaux. Dans le lointain, des rochers et des montagnes qui semblent entassés les uns sur les autres bornent l'horizon; devant moi et à mes pieds, la terre est coupée en précipices, où l'on voit s'épaissir insensiblement les ténèbres de la nuit, et dont la gueule effrayante semble l'ouverture d'un abîme... Pendant la chaleur du midi, l'air est rafraîchi par un bosquet qui domine et ombrage la vallée, où paissent les troupeaux, et où les chèvres vagabondes semblent suspendues aux rochers les plus escarpées. Les oiseaux chantent doucement, comme s'ils plaignaient le jour qui s'éteint, les vaches mugissent, et le vent semble se complaire au murmure mélancolique des feuilles; mais, du côté du nord, les collines se divisent et ouvrent aux regards l'étendue dans une plaine immense, où l'on distingue les bœufs rejoignant leur étable et le laboureur qui les suit appuyé sur son bâton, tandis que sa mère et son épouse préparent le souper qui rendra des forces à la famille fatiguée, et que fument les maisons blanchissantes au loin et les chaumières dispersées dans la campagne. Le berger trait ses troupeaux, la vieille qui file à la porte de la bergerie interrompt son travail et se lève pour caresser le jeune taureau et les agneaux qui bêlent en bondissant autour de leurs mères. Plus loin, la vue, pénétrant entre deux rangées d'arbres, se prolonge jusqu'à l'horizon, où tout se confond, se rapetisse et disparaît; le soleil, en partant, laisse quelques rayons pâles, comme pour dire à notre monde un éternel adieu; les nuages, pourprés d'abord, perdent peu à peu leurs chaudes couleurs, la plaine s'obscurcit, l'ombre se répand sur la surface de la terre, et, de même que si je me trouvais au milieu de l'Océan, de quelque côté que je me tourne, je n'aperçois plus que le ciel.

Hier, après deux heures de contemplation extatique d'une belle soirée du mois de mai, je descendais pas à pas la montagne solitaire, le monde était confié à la nuit; je n'entendais plus le chant de la villageoise, je n'apercevais plus que le feu des pasteurs; et, pendant que mon œil s'arrêtait sur chacune des étoiles qui brillaient au-dessus de ma tête, mon âme acquérait quelque chose de céleste, et mon cœur se soulevait comme s'il aspirait à quelque région plus sublime que la terre. Je me trouvais alors sur le monticule près de l'église; la cloche des morts sonnait, et le pressentiment de ma fin guida mes regards sur le cimetière, où, dans leurs tombes couvertes d'herbes, dorment les antiques pères du village. — Dormez en paix, froides reliques ! la poussière est retournée à la poussière : rien ne diminue, rien ne s'augmente, rien ne se perd ici-bas; tout se transforme et se reproduit. Destinée humaine ! moins malheureux est que les autres hommes, l'homme qui ne la craint pas !...

J'étais fatigué, je me couchai sous le bosquet de pins, et, dans cette muette obscurité, mes malheurs et mes espérances se retraçaient à mon esprit; de quelque côté que je courusse, haletant vers ce bonheur, je n'apercevais, après un chemin âpre et stérile, qu'une fosse béante, où devaient se perdre avec moi tous les biens et tous les maux de cette vie inutile. Je me sentais avili, et je versais des larmes, parce que j'avais besoin d'être consolé, et, avec des gémissements et des sanglots, j'invoquais Thérèse !...

14 mai.

Encore hier, j'étais retourné à la montagne; encore hier, j'étais couché sous le bosquet de pins; encore hier, j'invoquais Thérèse; — quand tout à coup j'entendis un froissement de pas à travers les arbres, et il me sembla distinguer la voix de plusieurs personnes. Bientôt j'aperçus Thérèse et sa sœur. A la vue d'un homme, elles s'éloignèrent effrayées. Je les appelai ; et la petite Isabelle, me reconnaissant, accourut à moi et se jeta à mon cou, m'embrassant mille et mille fois... Je me levai, Thérèse s'appuya sur mon bras, et nous côtoyâmes, taciturnes et muets, la rive du petit ruisseau qui conduit au lac des Cinq-Fontaines. Là, par un mouvement sympathique, nous nous arrêtâmes pour considérer l'étoile de Vénus, qui brillait devant nos yeux.

— Oh ! me dit Thérèse avec ce doux enthousiasme qui n'appartient qu'à elle, crois-tu que Pétrarque n'a pas souvent visité cette solitude, en redemandant aux ombres pacifiques de la nuit sa Laure perdue ? Lorsque je lis ses vers, je me le représente mélancolique, errant, ou bien appuyé contre un arbre, enseveli dans ses pensées, et tournant vers les cieux, pour y chercher la beauté immortelle de Laure, ses yeux pleins de tristesse et de larmes !... Je ne sais comment cette âme, qui avait en elle une si grande portion de l'esprit céleste, a pu survivre dans une si grande douleur, et s'arrêter si longtemps au milieu de nos misères mortelles. — Oh ! quand on aime vraiment !...

Et il me semblait qu'elle me pressait la main, et il me semblait que mon cœur ne voulait plus demeurer dans ma poitrine. « Oui, tu étais créée pour moi, née pour moi!... » Et moi,... je ne sais comment je pus étouffer ces paroles qui s'élançaient hors de mes lèvres!...

Elle montait la colline, et je marchais derrière elle ; toutes les facultés de mon âme étaient en Thérèse, et la tempête qui les avait agitées se calmait peu à peu.

— Tout est amour, dis-je : l'univers n'est qu'amour ; mais qui jamais le sentit et l'exprima mieux que Pétrarque ? Ces quelques hommes qui, par leur génie, se sont élevés au-dessus du vulgaire, m'épouvantent d'admiration ; mais Pétrarque me remplit de confiance religieuse et d'amour, et, tandis que mon esprit lui sacrifie comme à un dieu, mon cœur l'invoque comme un père et comme un ami consolateur...

Thérèse soupira et sourit tout ensemble.

La montée l'avait fatiguée.

— Reposons-nous, me dit-elle.

L'herbe était humide. Je lui montrai un mûrier peu éloigné, le mûrier le plus beau que j'aie jamais vu, élevé, solitaire, touffu. Dans ses rameaux se trouve un nid de chardonnerets. Ah ! je voudrais pouvoir, sous l'ombre de ce mûrier, élever un autel.

La petite nous avait quittés, et courait çà et là, cueillant des fleurs, et les jetant aux *lucioles* qui venaient à elle phosphorescentes. Thérèse était couchée sous le mûrier ; j'étais assis près d'elle, la tête appuyée contre le tronc de l'arbre. Je récitais la cantate de Sapho ; la lune se levait...

Oh ! pendant que j'écris, pourquoi mon cœur bat-il avec tant de force ? Heureuse soirée !...

14 mai, onze heures.

Oui, Lorenzo, j'avais voulu te le taire, mais c'est impossible ; écoute : ma bouche est encore humide de son baiser ; mes joues sont encore inondées de ses larmes ; elle m'aime ! elle m'aime !... Laisse-moi, Lorenzo, laisse-moi dans toute l'extase de ce jour de paradis !

14 mai, au soir.

Que de fois j'ai repris la plume, et n'ai pu continuer !... Mais je me sens un peu plus de calme, et je reprends ma lettre... Thérèse était couchée sous le mûrier. Mais que puis-je te dire qui ne soit tout entier renfermé dans ces deux mots : « Je t'aime !... » A ces paroles, tout ce que je voyais me semblait un sourire de l'univers, j'admirais avec les yeux de la reconnaissance le ciel, et il me paraissait s'entr'ouvrir pour nous recevoir. Ah! pourquoi la mort ne vient-elle pas dans un semblable moment? Je l'ai invoquée!... Oui, mes lèvres ont rencontré les lèvres de Thérèse... Les plantes et les fleurs exhalaient en ce moment une odeur plus suave; les airs étaient tout harmonie; les rivages résonnaient au loin, et toutes choses s'embellissaient à la clarté de la lune, toute resplendissante de la lumière infinie de la Divinité; les éléments et les êtres s'exaltaient dans la joie de deux cœurs ivres d'amour; ma bouche ne pouvait se détacher de la main de Thérèse, et Thérèse m'embrassait toute tremblante, et versait ses soupirs sur ma bouche, et son cœur palpitait sur mon cœur; elle me regardait de ses grands yeux languissants, et elle m'embrassait, et ses lèvres humides et entr'ouvertes murmuraient sur les miennes. Tout à coup elle se dégage de mes bras comme épouvantée, appelle sa sœur et se lève courant au-devant d'elle; je m'étais prosterné, je tendais les bras pour m'attacher à sa robe, et je n'osais ni la retenir ni la rappeler... Je respectais sa vertu, et, plus que sa vertu peut-être, sa passion; je sentais et je sens un remords de l'avoir fait naître dans son cœur innocent... C'est un remords, un remords de trahison... Ah! mon cœur est bien lâche... Je m'approchai d'elle en tremblant.

— Je ne puis jamais être à vous, me dit-elle.

Et ces mots furent prononcés avec un accent du cœur et un regard de reproche et de compassion... Je l'accompagnai, et, pendant le chemin qui nous restait à faire, elle ne leva plus les yeux sur moi, et je n'eus point la force de lui adresser une seule parole. Arrivés à la grille du jardin, elle me reprit des mains la petite Isabelle, et, me quittant :

— Adieu, me dit-elle.

Puis, après avoir fait quelques pas, se retournant encore :

— Adieu !...

J'étais resté immobile ; j'aurais baisé la trace de ses pas... Elle s'éloignait les bras pendants, et ses cheveux, brillant aux rayons de la lune, se soulevaient mollement, et puis bientôt la distance et l'ombre me permirent à peine de revoir de temps en temps ondoyer sa robe qui blanchissait dans le lointain ; et, lorsqu'elle eut disparu, j'écoutais encore le bruit de ses pas... et je tendais l'oreille, espérant entendre sa voix.

En m'éloignant comme pour me consoler, je me retournai, les bras ouverts, vers l'étoile de Vénus... Elle aussi avait disparu.

15 mai.

Ce baiser m'a fait dieu, Lorenzo ; mes pensées sont plus riantes et plus élevées, mon visage est plus gal et mon cœur plus compatissant; il me semble que tout s'embellit à mes regards. Le chant des oiseaux, le frémissement de l'air dans les feuilles agitées, me paraissent aujourd'hui plus suaves que jamais; les plantes se fécondent et les fleurs se colorent sous mes pieds; je ne fuis plus les hommes, et toute la nature me semble mienne. Mon esprit est tout harmonie, et, si j'avais à peindre la beauté, dédaignant tout modèle terrestre, je la trouverais dans ma propre imagination. O Amour! les beaux-arts sont tes fils; le premier, tu guidas sur la terre la sainte poésie, seul aliment de ces âmes généreuses qui, du sein de la solitude, nous transmettent ces chants sublimes qui parviennent aux dernières générations, et vont les éperonner avec des actions et des pensées inspirées du ciel pour les hautes entreprises; tu rallumes dans nos cœurs la seule vertu utile aux mortels, la pitié, qui ramène parfois le sourire sur les lèvres du malheureux; par toi revit incessamment le plaisir fécondateur de tous les êtres, et sans lequel tout serait chaos et désolation. Ah! si tu nous fuyais, la terre deviendrait stérile, les animaux ennemis, le soleil malfaisant, et le monde ne serait plus que larmes, terreur et destruction. Mais, maintenant que mon âme resplendit de tes doux rayons, j'oublie mes malheurs, je me ris de l'infortune, et l'avenir cesse de m'épouvanter.

Lorenzo, souvent je passe des heures entières couché sur la rive du lac des Cinq-Fontaines; je me plais à sentir se jouer sur ma figure et dans mes cheveux une brise qui, soulevant autour de moi l'herbe agitée, caresse les fleurs et ride légèrement la surface des eaux; le croirais-tu?... il est des instants de délire pendant lesquels je crois voir folâtrer devant moi des nymphes demi-nues et couronnées de fleurs; j'invoque à leur aspect les Muses et l'Amour, et je vois à travers la poussière humide de la cascade sortir jusqu'à la ceinture de riantes naïades aux cheveux ruisselants sur leurs épaules rosées, gardiennes aimables de ces fontaines. ILLUSION ! crie le philosophe. Eh ! tout n'est-il pas illusion ? Heureux les anciens, qui, se croyant dignes des baisers des déesses immortelles du ciel, qui, sacrifiant à la beauté et aux grâces, et répandant la splendeur de la divinité sur les imperfections des hommes, trouvaient enfin le beau et le vrai en caressant des idoles de leur fantaisie. ILLUSION ! mais, sans illusion, je ne sentirais la vie que par la douleur, ou peut-être (ce qui m'effraye encore plus) que par une rigide et monotone indolence. Lorenzo, si mon cœur ne voulait plus sentir,... de mes propres mains je l'arracherais de ma poitrine, et je le chasserais comme un serviteur infidèle.

21 mai.

Hélas! hélas! que mes nuits sont longues et pleines d'angoisses. Tourmenté par la crainte de ne plus la revoir, dévoré d'un pressentiment profond... ardent... frénétique... je me précipite de mon lit à la fenêtre, et je ne donne de repos à mes membres nus et transis que lorsque j'aperçois à l'orient les premiers rayons du soleil; alors, je cours en tremblant auprès d'elle, j'y reste immobile, étouffant mes paroles et mes soupirs; je ne désire pas, je n'ose pas, le temps vole... La nuit me surprend dans ce songe du ciel... C'est l'éclair rapide qui dissipe les ténèbres, brille, passe, et redouble encore la terreur et l'obscurité.

25 mai.

Je te rends grâces, ô mon Dieu! je te rends grâces! tu lui as donc retiré ton souffle, et Laurette a dépouillé sur la terre ses infortunes; tu as daigné entendre les gémissements qui partaient du plus profond de son âme, tu as envoyé la mort pour délivrer des chaînes de cette vie ta créature malheureuse et tourmentée... Chère et douce amie, la tombe au moins boira mes larmes, seul tribut que je puisse t'offrir; la terre qui te cache sera couverte de fraîches herbes, et allégée par la bénédiction de ta mère et par la mienne. Lorsque tu vivais, tu espérais toujours de moi quelque consolation, et pourtant... je n'ai pas même pu te rendre les derniers devoirs : mais nous nous reverrons un jour !... oui, nous nous reverrons !

O Lorenzo ! lorsque souvent je me rappelais cette pauvre innocente, certains pressentiments me criaient au fond de l'âme : « Elle est morte ! » Si tu ne m'avais écrit, sans doute que je l'eusse ignoré éternellement ; car, je te le demande, qui daignerait s'inquiéter de la vertu lorsqu'elle est pauvre et malheureuse ? Souvent j'ai voulu lui écrire, la plume me tombait des mains, et je baignais de larmes la lettre qui lui était destinée... Je tremblais qu'elle ne me racontât de nouvelles douleurs, et qu'elle ne fît retentir dans mon âme une corde dont les vibrations n'eussent point cessé de sitôt... Il est donc vrai que nous craignons le récit des maux de nos amis !... Leur misère nous est lourde, et notre orgueil dédaigne de leur accorder le secours de notre parole, qui fait tant de bien aux malheureux, lorsque nous ne pouvons y joindre une consolation plus solide et plus vraie... Sans doute, elle et sa mère m'avaient confondu dans la foule de ceux qui, enivrés de leur prospérité, abandonnent les souffrants... Mais Dieu le sait !... Dieu qui, reconnaissant qu'elle ne pouvait résister plus longtemps, *a tempéré la fureur des vents en faveur de l'agneau nouvellement tondu*, et tondu jusqu'au vif...

Te rappelles-tu comme, un jour, elle revint à la maison, portant enfermée dans sa corbeille de travail une tête de mort? Elle soulevait le couvercle, et riait, et montrait ce crâne nu, enfoncé dans un lit de roses.

— Oh! vous ne savez pas combien il y a de ces roses, nous disait-elle. J'en ai arraché toutes les épines ; demain, elles seront fanées ; mais, demain, j'en achèterai d'autres ;... car les roses fleurissent tous les jours, et autant il en fleurit chaque jour, autant chaque jour la mort en prend.

— Mais que veux tu faire de ces roses, Laurette ? lui répondais-je.

— J'en veux couronner cette tête, et, chaque jour, je lui en mettrai une couronne nouvelle.

Et, en répondant, elle riait, suave et gracieuse ; et, dans ces paroles, et dans ce sourire, et dans cet air de visage insensé, dans ces yeux fixés sur ce crâne sur lequel ses doigts tremblants tressaient des roses!... Ah!... tu t'es aperçu plus d'une fois, Lorenzo, combien certaines fois le désir de la mort est ensemble nécessaire et doux, et combien ce désir est éloquent, surtout errant sur les lèvres d'une jeune fille folle!...

Je te quitte, Lorenzo; il faut que je sorte; mon cœur se gonfle et gémit comme s'il voulait s'échapper de ma poitrine. Sur la cime d'une montagne, je respire librement; mais ici... dans cette chambre... j'étouffe comme en un tombeau.

J'ai gravi jusqu'au sommet de la plus haute montagne; à mes pieds, je voyais ondoyer et frémir la forêt comme une mer agitée; la vallée frémissait au bruit du vent, et les nuages s'arrêtaient aux flancs des rochers que je dominais... — Au milieu de la terrible majesté de la nature, mon âme, effrayée et anéantie, a oublié le sentiment de ses maux, et retrouvé un instant de calme et de tranquillité avec elle-même.

Je voudrais te dire de grandes choses!... elles me traversent l'esprit... Je m'arrête en y songeant : elles se pressent dans mon cœur, se heurtent, se confondent; je ne sais par lesquelles commencer... puis tout à coup elles me fuient et s'écoulent dans un torrent de larmes; je vais courant comme un insensé, sans savoir où je vais ni pourquoi je vais. Je ne me connais plus, je franchis des précipices. Je domine les vallées et les campagnes. Magnifique et inépuisable création!... mes regards et mes pensées se portent à l'horizon lointain; je monte, je m'arrête, je reste debout, et, haletant, je regarde au-dessous de moi. Oh! le gouffre!... le gouffre!... Je détourne alors mes yeux effrayés de ces abîmes sans fond!... je redescends précipitamment au pied de la montagne; la vallée est plus fraîche; un bosquet de jeunes chênes me protége des vents et du soleil... Deux filets d'eau murmurent çà et là doucement, les branches babillent, un rosignol chante... J'ai grondé un berger qui venait pour enlever du nid ses petits. — La désolation, les plaintes, la mort de ces pauvres oiseaux devaient être vendues pour une pièce de cuivre : aussi, va!... je l'ai amplement dédommagé du gain qu'il espérait en tirer... Et il m'a promis de ne plus troubler les rossignols; mais crois-tu qu'il ne reviendra pas les tourmenter? Où êtes-vous allés, mes premiers jours?... Oh! ma raison malade ne trouve plus de repos que dans son affaissement... et, malheur!... elle sent toute sa faiblesse, comme si... comme si... Pauvre Laurette! tu m'appelles peut-être; et peut-être dans peu de temps nous reverrons-nous. — Tout, oui, tout ce que l'homme croit exister n'est qu'un songe des fantaisies. La mort m'eût semblé affreuse au milieu de ces rochers escarpés; et, sous les ombres paisibles de ce bosquet, j'aurais volontiers fermé mes yeux du sommeil éternel... Chacun se fait une réalité à sa manière... Nos désirs se multiplient et s'agrandissent avec nos idées, et nos passions ne sont, tout bien considéré, que les effets de notre illusion. Ah! lorsque je me rappelle le doux songe de notre jeunesse, comme je courais avec toi par ces campagnes, m'accrochant aux arbres chargés de fruits, indifférent du passé, insouciant sur le présent, tressaillant de joie à l'idée des plaisirs que notre imagination grandissait dans l'avenir, et dont la mémoire, au bout d'une heure, avait déjà cessé d'exister, concentrant toutes nos espérances dans les jeux de la prochaine fête...

Mais ce rêve est évanoui... Eh! qui m'assure que, dans ce moment, je ne rêve pas comme alors? Toi seul, ô mon Dieu! toi seul qui connais ce cœur humain, sais combien mon sommeil est affreux, et combien le réveil sera terrible, puisque rien ne m'attend à cette heure, que les larmes et la mort...

Ainsi je m'égare... ainsi je change de pensées et de désirs... Plus la nature est belle, plus je voudrais la voir vêtue de deuil, et je crois qu'aujourd'hui mes souhaits ont été exaucés... L'hiver passé, j'étais heureux;... lorsque la terre dormait mortellement, j'étais tranquille; et maintenant... Ah!...

Et cependant, mon ami, je me repose sur la douceur d'être pleuré... A peine au commencement de la vie, je chercherais en vain un été qui m'aura été enlevé par mes passions et mes malheurs. Mais, du moins, ma tombe sera baignée de tes larmes, des larmes de cette femme céleste. Ah! qui voudrait donc céder à un éternel oubli cette existence si tourmentée, qui dit adieu au monde pour toujours, qui abandonne ses crimes, ses espérances, ses illusions, ses douleurs même, sans laisser derrière lui un soupir, un regard? Les personnes qui nous sont chères et qui nous survivent sont encore une partie de nous-mêmes ; nos yeux mourants demandent aux leurs quelques larmes de regret ; notre cœur se complait à penser que notre corps sera porté à la tombe par des bras amis, et, prêt à s'éteindre, cherche un cœur à qui léguer son dernier soupir ; la nature gémit jusque dans la tombe, et ses gémissements triomphent encore du silence et de l'obscurité de la mort.

Je m'approche du balcon pour admirer la divine lumière du soleil, qui, diminuant peu à peu, ne jette plus sur la terre que quelques rayons faibles et languissants, qui brillent encore à l'horizon ; et, dans les ténèbres épaisses, mélancoliques et taciturnes, je contemple l'image de destruction dévoratrice de toutes choses ; puis je tourne mes regards vers ce massif de pins plantés par mon frère sur la colline, en face de l'église, et j'y découvre, à travers leurs branches agitées par le vent, la pierre blanchissante qui recouvrira mon tombeau. Il me semble que je te vois y conduire ma mère, qui viendra bénir et pardonner, et je me dis, comme une espérance :

— Peut-être Thérèse viendra-t-elle, solitaire et affligée, me dire aussi un dernier adieu, et s'attrister doucement au souvenir du doux songe de nos amours.

Non, la mort n'est point douloureuse. Puis, si quelqu'un vient mettre les mains dans ma fosse et troubler mon cadavre, tirant de la nuit dans laquelle ils dormiront mes passions ardentes, mes opinions et mes crimes... peut-être... Ne me défends point, Lorenzo; réponds seulement : « Il était homme et malheureux. »

26 mai.

Il revient, Lorenzo, il revient.

Il écrit de la Toscane, où il doit s'arrêter encore une vingtaine de jours... Sa lettre est datée du 18 mai ; ainsi dans quelques semaines au plus...

27 mai.

Je me demande souvent, mon cher Lorenzo, s'il est bien vrai que cette image d'ange existe parmi nous, et je me soupçonne d'être amoureux de quelque idole créée par ma fantaisie.

Ah! qui n'aurait voulu l'aimer, fût-ce sans espoir? Quel est l'homme, si heureux qu'il soit, avec lequel je voudrais échanger mes larmes et mon malheur? Mais, d'un autre côté, comment suis-je donc tellement bourreau de moi-même, que je me tourmente ainsi, Dieu le sait, sans nulle espérance ? Peut-être même lui suis-je indifférent; peut-être ne lui ai-je inspiré qu'un sentiment de compassion dû à mes infortunes; peut-être ne m'aime-t-elle pas, et sa pitié couvre-t-elle une trahison... Mais ce baiser céleste qui est toujours sur mes lèvres, et qui domine toutes mes pensées, et ces larmes!... Depuis ce moment, elle n'ose plus lever les yeux sur moi... elle me fuit!... Séducteur... moi!... Ah! lorsque je sens tonner dans mon âme cette terrible sentence : « Je ne puis jamais être à vous, » je passe de fureurs en fureurs... et je comprends le crime. Non, vierge pure, tu n'es pas coupable!... moi seul ai rêvé la trahison... et peut-être, qui sait? l'eussé-je accomplie...

O Thérèse! un autre baiser, et abandonne-moi à mes songes et à mes suaves délires... Oui, je mourrai à tes pieds, mais tout à toi, et sachant que je te laisse innocente. — Malheureux ensemble,... si tu ne peux être mon épouse en ce monde, tu seras du moins ma compagne dans la tombe... Oh! non, que plutôt la peine de cet amour fatal retombe tout entière sur moi; que je pleure pendant toute l'éternité; mais, ô Thérèse! que le ciel ne décide pas que par moi tu seras longtemps malheureuse... Et cépendant je t'ai perdue, tu me fuis... Ah! si tu m'aimais comme je t'aime!

Au reste, Lorenzo, dans ces terribles doutes, dans ces tourments insensés, chaque fois que je demande conseil à ma raison, elle me console en me répondant : « Tu n'es pas immortel... » Eh bien, souffrons donc... souffrons jusqu'à la fin !... Je sortirai !... oh! oui, je sortirai de l'enfer de cette vie... Il suffit de ma volonté pour cela... et, à cette seule idée, je me ris de la fortune... des hommes... et presque de la toute-puissance de Dieu.

28 mai.

Souvent je me figure notre univers culbuté, les cieux, le soleil, l'Océan, et tout notre système dans les flammes et dans le vide... Mais, si, au milieu de cette destruction universelle, je pouvais serrer une seule fois Thérèse entre mes bras... une seule fois encore !... j'invoquerais volontiers l'anéantissement de la création.

29 mai, au matin.

O illusion ! pourquoi, lorsque, dans mes songes du paradis, lorsque Thérèse est près de moi, que je sens passer son souffle sur mes lèvres, pourquoi dans mon âme ce désir de tombe?... Ces heureux moments n'auraient jamais dû naître, — ou n'auraient jamais dû s'éloigner... Cette nuit, je cherchais quelle main l'avait arrachée de mon sein. Il me semblait entendre au loin son gémissement... Mais mon lit inondé de mes larmes, mon front mouillé de sueur, ma poitrine haletante, la fixe et muette obscurité, tout me criait : « Malheureux ! tu délires... » Épouvanté, abattu, je me roulais sur mon lit en pressant mon oreiller entre mes bras, et, en cherchant à me créer de nouvelles illusions et de nouveaux tourments.

Si tu me voyais pâle, défait, taciturne, errer çà et là sur les montagnes, cherchant Thérèse, et tremblant de la rencontrer, l'appelant, la priant, et répondant moi-même à ma voix ! Brûlé par le soleil, je me cache dans le bosquet, et je m'assoupis ou je rêve ; souvent je la salue comme si je la voyais ; il me semble encore la presser sur mon cœur... Puis tout à coup mon rêve s'évanouit, et je reste les yeux cloués sur les précipices de quelques rochers... Il est temps que tout cela finisse...

29 mai, au soir.

Fuir, — oui, fuir, — mais où ? — Crois-moi, je souffre bien ; à peine ai-je la force de me traîner jusqu'à la ville, pour aller boire dans ses yeux un autre breuvage de vie, peut-être le dernier... — Sans elle voudrais-je de cet enfer? — Aujourd'hui, je la saluais pour m'en aller : elle ne répondait pas. Je descendis l'escalier; mais je n'ai pu m'arracher de son jardin... et, le crois-tu? son aspect me donne le vertige. En la voyant venir avec sa sœur, j'ai voulu fuir et me cacher sous une treille; mais il était trop tard, Isabelle a crié :

— Ortis, mon cher Ortis, ne nous as-tu point vues?

Frappé comme de la foudre, je me jetais sur un banc. La petite fille me sauta au cou en tâchant de me consoler, et en me disant tout bas :

— Pourquoi te tais-tu toujours?...

Je ne sais si Thérèse me vit; mais elle s'enfonça dans une allée et disparut : une demi-heure après, elle revint, appelant sa sœur, qui était restée sur mes genoux, et je m'aperçus que ses paupières étaient rouges de larmes. Elle ne me parla point; mais elle me déchira d'un regard qui semblait me dire : « C'est toi qui m'as faite ainsi. »

2 juin.

Enfin voilà donc toute chose sous son véritable aspect... Ah! je ne croyais pas renfermer en moi cette fureur qui me brûle, — me dévore, — m'anéantit... et pourtant ne peut pas me tuer!... Où est donc cette grande et belle nature?... où est cett chaîne pittoresque de collines que je contemplais de la plaine, en m'enlevant sur les ailes de l'imagination jusque dans les régions du ciel? Toutes ces roches me semblent nues, et je ne vois que des abîmes; les croupes couvertes d'ombres hospitalières me sont insupportables. C'est là que je me promenais, au milieu des trompeuses méditations de notre misérable philosophie : miroir qui nous fait voir nos infirmités, sans nous en indiquer le remède. Aujourd'hui, je sentais gémir la forêt sous les coups de la hache : les bûcherons abattaient des chênes de deux cents ans; tout tombe ici-bas.

Je regarde ces plantes qu'autrefois je tremblais de briser; — je m'arrête devant elles, je les arrache, et je les effeuille et les jette avec la poussière enlevée par le vent. — Que l'univers gémisse avec moi.

Je suis sorti avant le jour, et, courant à travers les sillons, je cherchais dans la fatigue du corps quelque assoupissement à cette âme orageuse; mon front ruisselait, et ma poitrine était haletante : le vent de la nuit soufflait, éparpillant ma chevelure, et glaçant la sueur qui coulait sur mes joues. Oh! depuis cette heure, je me sens par les membres un frisson; j'ai les mains froides, les lèvres livides, et les yeux noyés dans les ténèbres de la mort.

Oh! si elle ne me poursuivait pas du moins avec son image — partout où je vais!... si elle ne venait pas se dresser là, face à face! — Pourquoi elle, toujours elle, réveillant en moi une terreur, un désespoir... une guerre?... Je projette de l'enlever, de l'entraîner avec moi au fond d'un désert, loin de la toute-puissance des hommes... Oh! malheureux que je suis! je me frappe le front et je blasphème. Je partirai!...

LORENZO AU LECTEUR

Peut-être, lecteur, t'es-tu fait l'ami d'Ortis, et désires-tu savoir l'histoire de son amour : j'irai donc au-devant de tes désirs, et j'interromprai, pour te la raconter, la série de ses lettres.

La mort de Laurette mit le comble à sa mélancolie, devenue plus noire encore par le retour d'Odouard. Il fit des visites moins fréquentes à la villa de M. T***, et ne parla plus à âme qui vive. Maigre, défait, les yeux caves, mais ouverts et pensifs, la voix sourde, les pas lents, il allait, enveloppé de son manteau, la tête nue, et les cheveux sur le visage. Souvent il veillait des nuits entières, errant par la campagne, et souvent encore, le jour, il fut trouvé dormant sous quelque arbre.

Sur ces entrefaites, Odouard revint en compagnie

d'un jeune peintre qui retournait à Rome, sa patrie. Le même jour, ils rencontrèrent Ortis. Odouard alla à lui pour l'embrasser, et Ortis se recula comme épouvanté. Le peintre lui dit qu'il avait entendu parler de lui et de son mérite, et que, depuis longtemps, il désirait connaître sa personne; mais il l'interrompit :

— Moi ! moi ! monsieur ? dit-il. Je n'ai jamais pu me connaître dans les autres, et je ne crois pas que les autres puissent jamais se connaître en moi.

Ils lui demandèrent alors l'explication de ces paroles ambiguës, et lui, pour toute réponse, s'enveloppa de son manteau, s'élança dans les arbres et disparut. Odouard se plaignit de cette réception au père de Thérèse, qui commençait déjà à s'inquiéter de l'amour d'Ortis.

Thérèse, douée d'un caractère moins romanesque, mais passionné et ingénu, disposée à une profonde mélancolie, privée dans la solitude de tout ami de cœur, arrivée à cet âge où parle en nous le besoin d'aimer et d'être aimée, commença par ouvrir son âme à Ortis, et finit par céder au sentiment qui l'entraînait vers lui; mais à peine osait-elle s'avouer à elle-même où elle en était arrivée; et, depuis le soir du baiser, elle était devenue plus réservée, évitait de se rencontrer avec lui, et tremblait à la vue de M. T***. Éloignée de sa mère, sans conseils, sans

consolations, épouvantée de l'avenir, toute à la
vertu, toute à l'amour, elle devint pensive et solitaire,
parlant rarement, lisant toujours, négligeant le dessin, la harpe et sa toilette; et souvent elle fut sur-
prise par les domestiques, les yeux baignés de pleurs.
Elle fuyait la société de ses jeunes amies qui venaient passer le printemps aux collines Euganéennes,
s'éloignant de tout le monde, et même de sa sœur.
Elle passait des heures entières dans les endroits les
plus sombres de son jardin. Il régnait dans cette
malheureuse famille une tristesse et une certaine
défiance, qui, jointes à quelques mots peu réfléchis
que laissa échapper Ortis, firent ouvrir les yeux à
Odouard. Jacob parlait habituellement avec feu, et,
quoiqu'il parût taciturne aux personnes qui ne le
connaissaient pas, il était quelquefois avec ses amis
causeur et d'une gaieté folle. Mais, depuis quelque
temps, ses paroles et ses actions étaient véhémentes
et amères comme son âme.

Poussé une fois par Odouard, qui justifiait devant
lui le traité de Campo-Formio, il se mit alors à crier
comme un fou, à se frapper la tête et à pleurer
de colère. M. T*** me racontait que souvent il restait
enseveli dans ses pensées, ou que, s'il discutait,
il s'emportait facilement, et qu'à mesure qu'il parlait ses yeux devenaient terribles, puis tout à coup,
au milieu de ses paroles, se remplissaient de larmes;

Odouard alors devint plus réservé, et commença à soupçonner les causes du changement d'Ortis.

Ainsi s'écoula tout le mois de juin. Le malheureux jeune homme devenait chaque jour plus sombre et plus farouche; il avait cessé d'écrire à sa famille, et ne repondait plus à mes lettres; souvent les paysans le virent à cheval, courant à bride abattue dans des chemins escarpés et entourés de précipices où mille fois il eût dû s'abîmer; un matin, le peintre dont j'ai déjà parlé, étant occupé à dessiner une vue des collines, reconnut sa voix, s'approcha doucement de lui et l'entendit déclamer dans le bosquet une scène de la tragédie de *Saül*. Alors, il parvint à faire son portrait pendant qu'il s'était arrêté tout pensif, après avoir récité ces vers de la scène première du troisième acte :

> Déjà pour me soustraire à l'horreur de mon sort,
> Dans les rangs ennemis j'aurais cherché la mort,
> Tant la vie est horrible à qui perd l'espérance...

Ensuite, il le vit gravir avec rapidité jusqu'au sommet d'un rocher escarpé, s'avancer les bras étendus comme s'il voulait s'en précipiter, puis tout à coup se rejeter en arrière avec effroi en s'écriant :

— O ma mère ! ma mère !...

Un dimanche qu'il était resté à dîner chez M. T***, il pria Thérèse de faire de la musique et lui présenta sa harpe; mais à peine commençait-elle à en jouer, que son père entra et s'assit auprès d'elle; Ortis paraissait plongé dans une douce et mélancolique extase, et son visage allait se ranimant; cependant, bientôt il pencha peu à peu la tête et tomba dans une rêverie plus profonde encore que d'habitude. Thérèse le regardait en tâchant de retenir ses pleurs. Il s'en aperçut, et, ne pouvant se contenir, se leva et partit. M. T***, attendri, se tourne vers Thérèse.

— O ma fille ! lui dit-il, tu veux donc te perdre, et, avec toi, nous perdre tous ?

A ces mots, son visage se couvrit de larmes, elle se jeta dans les bras de son père et lui avoua tout.

Sur ces entrefaites, Odouard rentra, et le trouble de M. T*** et l'altération des traits de sa fille confirmèrent ses soupçons; je tiens ces détails de la bouche même de Thérèse.

Le jour suivant, qui était le 7 juillet, Ortis alla chez M. T***, et trouva le peintre occupé à faire le portrait nuptial. Thérèse, interdite et tremblante, sortit sous prétexte de donner un ordre; mais, en passant près d'Ortis, elle lui dit d'une voix basse et entrecoupée :

— Mon père sait tout.

Il ne répondit rien; mais, après avoir fait dans la chambre quelques tours en long et en large, il sortit, et, de toute cette journée, ne fut aperçu par âme qui vive. Michel, qui l'attendait à dîner, le chercha en vain le soir : il ne rentra qu'à minuit sonné, et, après avoir renvoyé son domestique, se jeta tout habillé sur son lit :

Peu de temps après, il se leva et écrivit.

Minuit.

Autrefois, je portais à la Divinité mes actions de grâces et mes vœux ; mais je ne la craignais pas... Aujourd'hui que la main du malheur s'appesantit sur ma tête, je la crains et je la supplie.

Mon esprit est troublé, mon âme atterrée, et mon corps abattu par la langueur de la mort...

Oui, c'est vrai, les malheureux ont besoin de croire à un monde différent de celui-ci, où du moins ils ne mangeront point un pain amer, et ne boiront pas l'eau trempée de leurs larmes. L'imagination le créa, et le cœur se console ; la vertu presque toujours malheureuse persévère dans l'espoir d'une récompense... Mais infortunés ceux-là qui, pour ne point commettre de crimes, ont besoin de la religion.

Je me suis prosterné dans une petite chapelle, sur la route d'Arqua, parce que je sentais que la main de Dieu pesait sur mon cœur...

Je suis faible, n'est-ce pas, Lorenzo?... Le ciel ne te fasse jamais sentir le besoin de la solitude, des larmes et d'une église!...

Deux heures du matin.

Le temps est orageux, les étoiles sont rares et pâles... Et la lune, à moitié ensevelie dans les nuages, frappe mes fenêtres de ses livides rayons...

Au point du jour.

Tu ne m'entends pas, Lorenzo, tu ne m'entends pas, et cependant ton ami t'appelle... Quel sommeil! Un rayon de jour paraît enfin, peut-être pour réensanglanter mes blessures... — Dieu ne me hait pas, il me condamne cependant à une agonie perpétuelle. Pourquoi me contraint-il à maudire mes jours, qui cependant ne sont tachés d'aucun crime?

Si tu es un Dieu terrible, puissant et jaloux, qui revois les iniquités des pères dans les fils, et qui visites dans ta fureur la troisième et la quatrième génération [1], puis-je espérer de t'apaiser? Non... Envoie donc contre moi, mais contre moi seul, ta fureur, que rallument les flammes infernales! qui doivent brûler des millions de peuples auxquels tu n'as pas daigné te faire connaître!

1. Exode, ch. x, verset 5.

Mais Thérèse est innocente, et, loin de te regarder comme injuste, elle t'adore dans toute la suavité de son âme; et, moi, je ne t'adore pas, parce que je te crains; et cependant je sais que j'ai besoin de toi. — Dépouille-toi, mon Dieu, dépouille-toi des attributs dont t'ont revêtu les hommes pour te faire semblable à eux. N'es-tu pas le consolateur des affligés, et ton divin fils ne s'appelait-il pas le Fils de l'homme? Écoute-moi donc : mon cœur te devine; mais ne t'offense pas des plaintes que la nature tire du plus profond de mon cœur, et je murmure contre toi, et je te prie, et je t'invoque, espérant que tu délivreras mon âme. — Mais comment la délivreras-tu, si elle n'est pas pleine de toi, si elle ne t'a pas imploré dans la prospérité, et si, pour réclamer ton aide et implorer ton appui, elle a attendu d'être plongée dans la misère? — Elle te craint sans espérer en toi, elle ne désire et ne veut que Thérèse, et c'est dans Thérèse seule, ô mon Dieu! que je te retrouve et que je te vois!

Oh! le voilà hors de mes lèvres, ce crime pour lequel Dieu a retiré son regard de moi. Je ne l'ai jamais aimé comme j'aime Thérèse... Blasphème! faire l'égal de Dieu ce qui ne sera un jour que squelette et poussière!... Humiliation de l'homme! De-

1. Malachie, ch. III, verset 5.

vais-je préférer Thérèse à Dieu?... Et pourquoi non?... Thérèse n'est-elle pas la source de la beauté céleste, immense, toute-puissante? Je mesure l'univers d'un regard... je contemple d'un œil effrayé l'éternité... Tout est chaos, tout est fumée, tout est vide!... et, lorsque Dieu m'est incompréhensible, Thérèse n'est-elle pas là devant moi?

Deux jours après, Ortis tomba malade; M. T*** alla le voir, et profita de cette occasion pour lui persuader de s'éloigner des collines Euganéennes. Délicat et généreux, le père de Thérèse estimait le caractère et l'âme d'Ortis, qu'il chérissait comme son meilleur ami. Souvent il m'assura que, dans tout autre temps, il aurait cru illustrer sa famille en prenant pour gendre un homme qui, selon lui, ne participait à aucune des erreurs de notre temps, et qui, doué d'une trempe indomptable de cœur, avait de toute façon, au dire de M. T*** lui-même, les vertus d'un autre siècle; mais Odouard était riche et d'une famille puissante qui, par son alliance, le mettait à l'abri des persécutions de ses ennemis, lesquels n'avaient à lui reprocher que de désirer la liberté de son pays, crime capital en Italie. En mariant Thérèse à Ortis, il accélérait, au contraire, sa ruine et celle de sa famille. D'ailleurs, il s'était engagé ; et, pour tenir sa parole, il s'était séparé d'une épouse chérie. D'un autre côté, son peu de fortune ne lui permettait pas de donner à Thérèse une dot considérable; ce que rendait nécessaire la médiocrité de la fortune d'Ortis. M. T*** m'écrivit ces détails, et dit la même chose à Ortis, qui, le sachant déjà, l'écouta patiemment jusqu'au moment où il parla de la dot; alors, il l'interrompit.

— Je suis pauvre! s'écria-t-il avec force, je suis obscur, proscrit, inconnu à tous les hommes, et je me serais plutôt fait enterrer vivant que de vous demander Thérèse pour femme; je suis malheureux, mais non point lâche; et jamais mes fils ne recevront leur fortune de la main de leur mère... D'ailleurs, votre fille est riche et promise...

— Donc?... reprit M. T*** comme pour l'interroger.

Ortis ne répondit rien, mais il leva les yeux au ciel; et, après quelques minutes :

— O Thérèse! s'écria-t-il, tu seras donc malheureuse!

— Oh! mon ami, lui dit alors M. T*** en le regardant avec tendresse, mon ami, par qui a-t-elle commencé de souffrir, si ce n'est par vous?... Par amour pour moi, elle s'était résignée à son sort, elle allait d'un seul mot rendre la paix et le bonheur à ses pauvres parents; elle vous a aimé ! et vous, qui, de votre côté, l'aimez avec tant de délicatesse, vous avez enlevé son cœur à celui qu'elle regardait déjà comme son époux, et vous continuez de troubler la tranquillité d'une famille qui vous avait traité, qui vous traite et vous traitera toujours comme son propre fils... Partez, éloignez-vous pour quelque temps; peut-être auriez-vous trouvé dans un autre un père inflexible; mais en moi!... J'ai été malheureux aussi, j'ai connu les passions, et j'ai appris à les plaindre, parce que je sens moi-même le besoin que j'ai d'être plaint, à mon âge, et avec ma tête chauve. C'est de vous que j'ai appris que l'on estime l'homme qui fait le mal, s'il a le talent de faire paraître généreuses et terribles les passions qui, chez les autres, paraîtraient coupables ou ridicules. Je ne vous le dissimule pas; du premier jour où je vous ai connu, vous avez pris un tel ascendant sur moi, que vous m'avez forcé de vous craindre et de vous aimer; et souvent je comptais les minutes par l'impatience de vous revoir, et, en même temps, je me sentais pris d'un frisson subit et secret quand un domestique annonçait que vous montiez l'escalier. Ayez donc pitié de moi, de votre jeunesse, de la réputation de Thérèse; sa beauté s'efface, sa santé s'affaiblit, son cœur la ronge en silence, et pour vous... Ah! je vous en conjure, au nom de Thérèse, partez, éloignez-vous;

sacrifiez votre passion à son bonheur, et ne faites pas que je sois à la fois l'ami, l'époux et le père le plus malheureux qui ait jamais existé.

Ortis ne répondit rien ; il parut attendri, écouta tout cela d'un visage muet, et sans qu'il lui tombât une larme des yeux, quoique M. T*** au milieu de son exhortation se retînt à peine de fondre en pleurs. Il demeura près du lit d'Ortis jusque bien avant dans la nuit ; mais, à partir de ce moment, ni l'un ni l'autre n'ouvrirent plus la bouche que pour se dire adieu. Pendant la nuit, l'indisposition du malade s'aggrava, et, les jours suivants, il se sentit pris d'une fièvre dangereuse.

Cependant, les dernières lettres d'Ortis, celles que je recevais tous les jours du père de Thérèse, m'avaient fait sentir la nécessité de son départ, et j'usai de tout mon pouvoir pour le décider à employer le seul remède qui pouvait encore le guérir de sa funeste passion. Je n'eus point le courage d'en parler à sa mère, qui connaissait son caractère emporté et capable de tous les extrêmes ; je lui dis seulement que son fils était un peu malade, et que le changement d'air serait favorable à sa santé.

C'est à cette époque que les persécutions de Venise devinrent plus terribles que jamais. Il n'y avait plus de lois, mais des tribunaux arbitraires qui n'admettaient plus ni accusateurs ni défenseurs, mais des espions de la pensée, des ennemis nouveaux et inconnus, des prisonniers qui étaient frappés par des peines subites et sans nom. Les plus suspects gémissaient dans des cachots ; d'autres, quoique de brillante et antique renommée, étaient enlevés de nuit de leur propre maison, remis aux mains des sbires, traînés aux frontières sans avoir pu dire à leurs parents et à leurs amis un dernier adieu et abandonnés à l'aventure, privés de tout secours humain. Pour quelques-uns, ces moyens violents et infâmes étaient encore la suprême clémence... Et moi-même, arrivé à mon dernier martyre, je vais, depuis plusieurs mois, errant par toute l'Italie, tournant vers ma patrie, que je n'ai plus l'espérance de revoir, mes yeux tout pleins de larmes ; mais alors, tremblant seulement pour la liberté d'Ortis, je persuadai à sa mère, quoique désolée, de lui écrire pour le décider à chercher pour quelque temps un asile dans un autre pays, d'autant plus qu'en quittant autrefois Padoue, il avait donné pour motif de son départ la crainte des mêmes dangers. La lettre fut confiée à un domestique de confiance, lequel arriva aux collines Euganéennes dans la soirée du 15 juillet ; et qui trouva Ortis encore alité, quoique sa santé fût un peu meilleure. Le père de Thérèse était assis auprès de lui lorsqu'il reçut la lettre : il la lut bas, la posa sous son oreiller ;

puis, quelque temps après, la relut encore en donnant des marques d'agitation, mais sans dire un seul mot...

Le dix-neuvième jour, où il commença à se lever, il reçut un second message de sa mère, qui lui envoyait de l'argent, deux lettres de change, et des recommandations en le priant au nom de Dieu de s'éloigner. Dans l'après-midi, il alla chez Thérèse, et ne trouva qu'Isabelle, qui, tout émue encore, nous raconta qu'il s'assit en silence, se leva bientôt, l'embrassa et sortit. Il revint une heure après, et la rencontra de nouveau en montant l'escalier; il la prit dans ses bras, la serra contre son sein, mouilla son visage de larmes, se mit à écrire, déchira aussitôt ce qu'il avait écrit, puis s'achemina tout pensif vers le jardin. Un domestique passa vers le soir, et l'aperçut couché sous un massif d'arbres. En repassant, il le trouva prêt à sortir, et les yeux fixés sur la maison que venaient frapper les rayons de la lune.

En rentrant chez lui, il rappela le messager, répondit à sa mère que, le lendemain matin, il partirait, fit commander des chevaux à la poste la plus voisine, et, avant de se coucher, écrivit la lettre suivante pour Thérèse, la remit au jardinier, et partit à la pointe du jour !

Neuf heures.

Pardonne-moi, Thérèse, pardonne-moi ! J'ai empoisonné ta jeunesse, j'ai troublé la paix de ta famille, mais je pars... Ah ! je n'aurais pas cru avoir ce courage : je puis te quitter et ne pas mourir de douleur ; c'est beaucoup, crois-moi. — Profitons de ce peu de moments que la raison me laisse encore ; plus tard peut-être n'en aurais-je pas la force. Je pars, Thérèse, je pars, l'âme pleine d'une seule pensée, celle de t'aimer toujours et de toujours te pleurer. Je pars en m'imposant l'obligation de ne plus t'écrire, de ne plus te revoir, que lorsque je serai certain que tu n'as plus rien à craindre de moi... Je t'ai cherchée aujourd'hui pour te dire adieu, mais vainement... Daigne, du moins, jeter les yeux sur ces dernières lignes que je trempe, tu le vois, de larmes bien amères !... Envoie-moi, en quelque temps et en quelque lieu que tu pourras, ton portrait. Si l'amitié, si l'amour, si la compassion, si la reconnaissance te parlent encore pour un malheureux, ne me refuse pas cet adoucissement à toutes mes souffrances ; ton père lui-même me l'accordera, je l'espère, lui qui, à chaque instant du jour, pourra te voir, t'entendre, et être consolé par toi. Du moins, dans les élans de ma douleur, dans les déchirements de ma passion, lassé de tout le monde, défiant des hommes, marchant sur la terre comme un voyageur sans patrie, qui va d'auberge en auberge, dirigeant volontairement mes pas vers la tombe, parce que j'ai besoin de repos, je reprendrai quelque force en pressant jour et nuit contre mes lèvres ton image adorée ; et, quoique éloigné de toi, ce sera encore par toi que je supporterai la vie ; et, tant que j'en aurai la force, je la supporterai, je te jure ! Toi, de ton côté, prie Dieu, ô Thérèse ! prie du fond de ton cœur pur, le Ciel — non pas qu'il m'épargne les douleurs que peut-être j'ai méritées, et qui sont inséparables de la nature de mon âme, — mais qu'il ne m'enlève pas le peu de force que je me sens encore pour les supporter. Avec ton portrait, mes nuits seront moins douloureuses, et moins tristes les jours solitaires que je dois vivre encore loin de toi. En mourant, je tournerai vers toi mes derniers regards, je te recommanderai mon dernier soupir, je verserai en toi mon âme, et je t'emporterai dans la tombe, appuyé contre ma poitrine ; enfin, si je suis condamné à fermer les yeux sur une terre étrangère, où nul cœur ne me pleurera, je t'invoquerai muettement à mon chevet, et il me semblera te voir, avec le même aspect, la même action, la même piété avec laquelle je te voyais, quand, un jour, avant que tu pensasses à m'aimer, avant que tu t'apercusses que je t'aimais, — quand j'étais encore innocent de cœur envers toi, — tu m'assistais dans ma maladie.

Je n'ai rien de toi, si ce n'est la seule lettre que tu m'écrivis lorsque j'étais à Padoue... Alors, il me semblait que tu m'invitais à revenir; et, maintenant, j'écris, et, dans peu d'heures, je subirai l'arrêt de notre éternelle séparation. De cette lettre commence l'histoire de notre amour; elle ne m'abandonnera jamais. — Toutes ces choses ne sont peut-être que folie; mais reste-t-il d'autre consolation au malheureux qui ne peut pas guérir? Adieu, Thérèse; pardonne-moi... hélas! je me croyais plus de courage...

Je t'écris mal, et d'un caractère à peine lisible; mais je t'écris brûlé par la fièvre, l'âme déchirée et les yeux pleins de larmes... Par pitié, ne me refuse pas ton portrait : remets-le à Lorenzo; s'il ne peut me le faire parvenir, il le gardera comme un héritage saint et précieux qui lui rappellera toujours ta beauté, ta vertu, et l'unique, éternel et fatal amour de son malheureux ami... Adieu!... mais ce n'est pas le dernier de mes revers, et, d'ici à peu de temps, je me serai fait tel, que les hommes seront forcés d'avoir pitié et respect pour notre amour; — alors, ce ne sera plus un crime pour toi de m'aimer.

Si cependant, avant que je te revisse, ma douleur avait creusé ma tombe, que du moins la certitude d'avoir été aimé de toi me rende la mort plus chère. Oh! oui, certes! je sens dans quelle douleur je t'abandonne... Oh! mourir à tes pieds! oh! être enseveli dans la terre qui te recouvrira!... Adieu!...

───────

Michel me dit que son maître avait voyagé pendant deux postes silencieusement, et même d'un visage assez calme et presque serein; puis il demanda son écritoire de voyage, et, tandis qu'on changeait les chevaux, il écrivit le billet suivant à M. T*** :

───────

Monsieur et ami,

J'ai recommandé hier soir au jardinier une lettre adressée à la signorina; et, quoique je l'aie écrite, bien décidé au parti que j'ai pris de m'éloigner, je crains d'avoir versé sur ses pages trop d'afflictions pour cette innocente. Faites-vous donc remettre cette lettre par le messager; ne la confiez à personne; gardez-la toute cachetée, ou brûlez-la. Mais, comme il serait amer pour votre fille que je fusse parti sans lui laisser un adieu, — car, hier, de toute la journée, je n'ai pas eu le bonheur de la voir, — voici, annexé à cette lettre, un billet non cacheté, et j'espère que vous aurez la bonté, monsieur, de le remettre à Thérèse avant qu'elle devienne la femme du marquis Odouard. Je ne sais si nous nous reverrons : j'ai bien décidé de mourir près de la maison paternelle; mais, quand même mon espérance serait trompée, je suis bien certain, monsieur et ami, que vous vous souviendrez toujours de moi.

M. T*** me fit rendre la lettre pour Thérèse (c'est celle que je viens de mettre sous les yeux du lecteur) avec son cachet intact. Il ne tarda point à donner le billet à sa fille : je l'ai eu sous les yeux. Il ne contenait que quelques lignes, et paraissait écrit par un homme entièrement revenu à lui.

Tous les fragments qui suivent me vinrent par la poste sur différentes feuilles.

Rovigo, 20 juillet.

Je l'admirais, et je me disais à moi-même :

— Qu'adviendrait-il de moi, si je ne pouvais plus la voir?

Je me rassurais en songeant que j'étais près d'elle; et maintenant...

Que me fait le reste de l'univers?... sur quelle terre pourrais-je vivre sans Thérèse?... Il me semble que je voyage en songe... J'ai donc eu le courage de partir ainsi sans la revoir, sans un baiser, sans un dernier adieu... A chaque instant, je crois me retrouver à la porte de la maison, et lire dans la tristesse de son visage qu'elle m'aime!... Et avec quelle rapidité chaque instant qui s'écoule ajoute à la distance qui me sépare d'elle... Je ne puis plus obéir ni à ma volonté, ni à ma raison, ni à mon cœur... Je me laisse entraîner par le bras de fer du destin. Adieu...

Ferrare, 20 juillet au soir.

Je traversais le Pô, et je regardais l'immensité de ses ondes ; vingt fois, je m'avançai sur le bord de la barque pour m'y précipiter, m'engloutir et me perdre pour toujours... Tout est sur un seul point !... Ah! si je n'avais pas une mère chérie et malheureuse, à qui ma mort coûterait d'amères larmes...

Non, je ne finirai pas ainsi en lâche mes souffrances. Je boirai jusqu'à la dernière goutte les pleurs que m'a départis le Ciel!... Un jour, lorsque toute résistance sera vaine, lorsque toute espérance sera détruite, lorsque toutes forces seront épuisées ; quand j'aurai le courage de regarder la mort en face, de raisonner tranquillement avec elle, de goûter avec plaisir son calice amer,.. quand j'aurai expié les larmes des autres, et désespéré de les tarir, alors, Lorenzo... alors !...

Mais, à cette heure où je parle, tout n'est-il pas perdu?... n'ai-je pas la certitude que tout est perdu?... Dis-moi, as-tu jamais éprouvé l'horreur de ce moment terrible... où le dernier espoir nous abandonne?...

Ni un baiser, ni un adieu!... N'importe, tes larmes me suivront au tombeau... Mon salut... mon destin... mon cœur... tout m'y entraîne ! Je vous obéirai à tous...

Pendant la nuit.

Et j'ai eu le courage de t'abandonner, je t'ai abandonnée, Thérèse, et dans un état plus déplorable encore, que le mien! Qui sera ton consolateur?... Tu trembleras à mon seul nom parce que je t'ai fait voir, moi, — moi le premier, moi le seul, à l'aube de ta vie, les tempêtes et les ténèbres du malheur! Et toi, pauvre enfant, tu n'es encore assez forte, ni pour supporter ni pour fuir la vie; tu ne sais pas encore que l'aurore et le soir sont tout un. — Oh! je ne veux pas te le persuader, et pourtant nous n'avons plus aucune aide chez les hommes, aucune consolation en nous-mêmes. — Pour moi, je ne sais que supplier Dieu, le supplier avec mes gémissements, et chercher mes espérances hors du monde, où tout nous persécute ou nous abandonne. Oh! tu ne seras pas aussi malheureuse, et je bénirai tous mes tourments. — Cependant, en mon désespoir mortel, sais-je dans quel danger tu te trouves? Je ne puis ni te défendre, ni essuyer tes larmes, ni recueillir tes secrets dans mon cœur, ni partager ton affliction. Non, je ne sais où je suis, comment je t'ai laissée, ni quand je pourrai te revoir.

Père cruel!... Thérèse est ton sang... cet autel est profané... La nature, le Ciel maudissent ces serments... L'effroi, la jalousie, la discorde et le repentir tournent en frémissant autour du lit nuptial, et ensanglanteront peut-être ces chaînes. Thérèse est ta fille, laisse-toi fléchir... Tu te repentiras amèrement, mais trop tard... Un jour, dans l'horreur de son sort, elle maudira l'existence et ceux qui la lui ont donnée... et ses plaintes et ses larmes iront jusqu'au fond de la tombe accuser et troubler tes os... Aie pitié!... — Oh! tu ne m'écoutes pas... tu l'entraînes... la victime est sacrifiée; j'entends ses gémissements... mon nom est dans son dernier soupir... Oh! tremblez... votre sang... le mien... Thérèse sera vengée... Oh! je suis fou! je délire! oh! je suis un assassin!...

Mais, toi, mon cher Lorenzo, pourquoi m'abandonnes-tu?... Pouvais-je t'écrire lorsqu'une éternelle tempête de colère, de jalousie, de vengeance et d'amour frémissait dans mon cœur, lorsque tant de passions, gonflant ma poitrine, me suffoquaient, m'étranglaient presque? Non, je ne pouvais prononcer une parole, et je sentais la douleur se pétrifier dans mon sein... cette douleur qui maintenant encore étouffe ma voix, arrête mes soupirs et dessèche mes larmes!... Oh! je sens qu'une grande partie de la vie me manque déjà, et que ce peu qui me reste est encore affaibli par la tristesse, la langueur et l'obscurité de la mort...

Souvent je me reproche d'être parti et je m'accuse de faiblesse; pourquoi n'ont-ils pas insulté plutôt à ma passion!... Si quelqu'un avait commandé à cette infortunée de ne plus me voir... me l'avait enlevée de force... penses-tu que je l'eusse jamais abandonnée?... Mais pouvais-je payer d'ingratitude un père qui m'appelait son ami, qui tant de fois me répéta en me serrant sur son cœur : « Malheureux, pourquoi le destin t'unit-il à nous malheureux?... » Pouvais-je précipiter dans le déshonneur et les persécutions une famille qui, en tout autre temps, eût partagé avec moi sa bonne et sa mauvaise fortune?... Que pouvais-je lui répondre quand, d'une voix suppliante et entrecoupée par ses sanglots, il me disait : « C'est ma fille!... » Oui, je dévouerai le reste de mes jours dans la solitude et les remords; mais toujours je rendrai grâce à cette main invisible qui m'a arraché du précipice où j'eusse entraîné avec moi cette innocente enfant. Elle me suivait, et moi, cruel, j'allais m'arrêtant de temps en temps, tournant les yeux vers elle, et regardant si elle se hâtait derrière mes pas précipités. Elle me suivait, mais d'une âme épouvantée et avec des forces faiblissantes... Je pourrais me cacher au reste de l'univers et pleurer mes malheurs, mais avoir encore à pleurer sur ceux de cette créature céleste, avoir à les pleurer, quand c'est moi qui les cause?... Ah!

Personne ne connait le secret qui est enseveli en moi, personne ne sait d'où me pousse au front cette sueur froide et subite, personne n'entend ces gémissements qui, tous les soirs, sortent de terre et m'appellent! et ce cadavre... Ah! je ne suis pas un assassin et cependant je suis ensanglanté par un meurtre...

Le jour pointe à peine, et déjà je suis prêt à partir... Depuis combien de temps l'aurore me trouve-t-elle ainsi en proie à un sommeil de malade?... La nuit ne m'apporte aucun repos : tout à l'heure encore, je jetais des cris en fixant autour de moi des yeux égarés, comme si je voyais luire sur ma tête l'épée du bourreau... Je sens dans mon réveil de certaines terreurs pareilles à celles que doivent éprouver ces hommes dont les mains sont encore chaudes de sang...

Adieu, Lorenzo, adieu, je pars, et toujours plus loin... Je t'écrirai de Bologne dès aujourd'hui... Re-

mercie ma mère, prie-la de bénir son pauvre fils...
Ah! si elle connaissait mon état... Mais tais-toi!
n'ouvre pas sur ses plaies une autre plaie...

Bologne, 24 juillet, dix heures.

Veux-tu verser dans le cœur de ton ami quelques
gouttes de baume, fais que Thérèse te donne son
portrait, et remets-le à Michel, que je t'envoie avec
l'ordre de ne point revenir sans ta réponse. Va, Lorenzo, aux collines Euganéennes; cette infortunée
a sans doute besoin d'un consolateur... Lis-lui quelques fragments de ces lettres que, dans mes délires
insensés, j'essayais de t'écrire... Adieu; tu verras la
petite Isabelle : donne-lui mille baisers pour moi...
Quand tout le monde m'aura oublié, elle seule peut-
être encore nommera quelquefois son Ortis..... O mon
cher Lorenzo, infortuné, défiant, possédant une âme
ardente que dévorait le besoin d'aimer et d'être
aimé, à qui pouvais-je me confier plutôt qu'à cette
enfant qui n'était encore corrompue ni par l'expérience, ni par l'intérêt, et qui, par une secrète sympathie, a tant de fois mouillé mon visage de ses larmes innocentes... Lorenzo, si jamais j'apprenais
qu'elle m'a oublié, j'en mourrais de douleur...

Et toi, dis, mon seul et dernier ami, voudrais-tu
aussi m'abandonner?.. L'amitié, cette céleste passion

de la jeunesse, cet unique soutien de l'infortune se glace dans la prospérité... Les amis, les amis, Lorenzo! je serai le tien jusqu'à l'heure où la terre me couvrira... Le croirais-tu! quelquefois je m'applaudis de mes malheurs, parce que, sans eux, je ne serais pas digne de toi; parce que, sans eux, mon cœur ne serait peut-être pas capable de t'aimer... Mais, lorsque j'aurai cessé de vivre, lorsque tu auras hérité de moi ce calice de larmes, crois-moi, Lorenzo, ne cherche plus alors d'autre ami que toi-même.

Bologne, 28 juillet, pendant la nuit.

Il me semble, Lorenzo, que j'éprouverais quelque soulagement si je pouvais dormir d'un lourd sommeil; mais l'opium même ne me procure que de courtes léthargies... pleines de visions et de spasmes : il n'y a plus de nuit pour moi. Je me suis levé afin d'essayer de t'écrire; mais mon pouls est si dérangé, que je suis obligé de me rejeter sur mon lit... Il semble que mon âme suit l'état orageux de la nature... Il pleut par torrents... et je suis là sur mon lit, les yeux ouverts... Oh! mon Dieu! mon Dieu !..

Bologne, 12 août.

Voilà dix-huit jours que Michel est parti par la poste, et il ne revient point, et je n'ai point reçu de lettres de toi... Tu m'abandonnes donc aussi?...

Au nom de Dieu, Lorenzo, écris-moi du moins : j'attendrai jusqu'à lundi ; ensuite, je prendrai la route de Florence... Je ne quitte pas la maison pendant tout le jour... Je souffrirais trop au milieu de cette foule de personnes inconnues... Lorsque la nuit est arrivée, je parcours la ville comme un fantôme, et mon âme se brise en entendant les cris de ces infortunés étendus dans les rues et demandant du pain ; je ne sais si c'est par leur faute ou par celles des autres... je sais qu'ils demandent du pain... Aujourd'hui, en revenant de la poste, j'ai été me heurter à deux malheureux que l'on conduisait à la potence ; j'ai demandé quel était leur crime, et l'on m'apprit que l'un avait dérobé une mule, et que l'autre, pressé par la faim, avait volé une somme de cinquante-six livres [1]. Ah! si la société ne protégeait pas de ses lois des hommes qui, pour s'enrichir de la sueur et des larmes de leurs concitoyens, les réduisent à la misère, et les forcent aux crimes, les crimes seraient-ils aussi communs, et les

---

1. Ce récit d'Ortis me parut d'abord exagéré par sa douleur ; mais, depuis, j'ai appris que, dans les États cisalpins, qui ne possèdent pas de codes criminels, on jugeait avec les lois des anciens gouvernements, et, à Bologne, sur les décrets des cardinaux, qui punissaient de mort tout vol prouvé excédant cinquante-deux livres. Mais les cardinaux, presque toujours, adoucissaient la peine, ce qui ne pouvait avoir lieu dans les tribunaux de la république. (*L'Éditeur.*)

prisons et les bourreaux aussi nécessaires? Je ne suis pas assez fou pour vouloir réformer les hommes; mais on ne m'empêchera point de frémir sur leur misère et surtout sur leur aveuglement! jamais il ne se passe une semaine, m'a-t-on assuré, sans exécution, et le peuple y court comme à une solennité... Les crimes croissent avec les supplices. Non, non, Lorenzo, je ne veux plus respirer un air fumant toujours du sang des malheureux... — Et où aller?...

Florence, 27 août.

Je viens de visiter les sépultures de Galilée, de Machiavel et de Michel-Ange. Je me suis approché de la tombe de ces grands hommes tout frissonnant de respect... Ceux qui leur ont élevé ces mausolées espéraient sans doute se disculper de la misère et des persécutions avec lesquelles leurs aïeux punissaient la grandeur de ces divins génies? Oh! combien de proscrits de notre siècle auxquels on rendra dans la postérité des honneurs divins! mais les persécutions aux vivants et les honneurs aux morts sont les preuves de la maligne ambition qui ronge l'humaine espèce.

Près de ces marbres, il me semblait revivre dans ces chaudes années de jeunesse où, veillant sur les écrits de ces grands hommes, je m'élançais en esprit au milieu des applaudissements des générations futures... Mais, maintenant, ces idées sont trop élevées pour moi... trop folles peut-être... mon esprit est aveugle, mes membres s'affaiblissent, et mon cœur gâté là — jusqu'au fond.

Garde tes lettres de recommandation. J'ai brûlé celles que tu m'avais envoyées. Je ne veux plus recevoir des hommes puissants ni outrages ni faveurs. Le seul que je désirasse connaître était Victor Alfieri. Mais j'entends dire qu'il ne reçoit personne, et je n'ai pas la présomption de croire qu'il renoncera pour moi à un serment qui sans doute lui fut dicté par ses études, ses passions ou son expérience du monde... Peut-être est-ce une faiblesse; mais respectons les faiblesses des grands hommes, et que celui de nous qui n'en a pas leur jette la première pierre.

Florence, 7 septembre.

Ouvre mes fenêtres, Lorenzo, et salue de ma chambre mes collines chéries... dans une belle journée de septembre; salue en mon nom le ciel, le lac et les prairies qui se souviennent tous de ma jeunesse, et où, pendant quelque temps, j'ai oublié les anxiétés de la vie; si tes pieds, par quelque nuit sereine, te conduisaient vers l'église du village, gravis la montagne des pins, qui couvrent de si doux et si

funestes souvenirs. Sur son penchant, plus loin que
ce massif de tilleuls qui répand au loin une ombre
fraîche et odorante, là où se rassemblent plusieurs
ruisselets qui forment une espèce de petit lac, tu trouveras le saule solitaire dont les rameaux pleureurs se
penchaient vers moi lorsque, couché sous son feuillage, j'interrogeais mes espérances ; et, lorsque tu seras arrivé près du sommet, tu entendras peut-être
les cris d'un coucou qui, tous les soirs, m'appelait de
son lugubre chant, et qui fuyait à mon approche et
au bruit de mes pas... Le pin où il se tenait caché
alors, ombrage une petite chapelle à demi ruinée, où,
près d'un crucifix, brûlait autrefois une lampe ; la
foudre l'a fracassée cette même nuit qui m'a laissé
jusque aujourd'hui et me laissera jusqu'au dernier
soupir l'esprit plein de ténèbres et de remords. Ses
débris, à moitié cachés par les ronces et la bruyère,
ressemblent dans l'obscurité à des pierres sépulcrales,
et plus d'une fois j'ai pensé à faire élever là mon tombeau. Aujourd'hui, qui pourrait me dire où je laisserai mes os !... Console tous les paysans qui te demanderont de mes nouvelles ; autrefois, ils accouraient autour de moi, je les nommais mes amis, ils
m'appelaient leur bienfaiteur... J'étais le médecin
de leurs enfants, le juge complaisant de leur procès,
l'arbitre de leurs querelles. Philosophe avec les vieillards, je les aidais à secouer les terreurs de la reli-

gion en leur peignant les récompenses que le le Ciel réserve à l'homme accablé par la pauvreté et la sueur... Peut-être se plaignent-ils de moi... Dans les derniers temps que je passai près d'eux, muet et fantasque, souvent je ne répondais pas même à leur salut... et j'évitais leur rencontre en m'enfonçant dans les endroits les plus sauvages de la forêt, lorsqu'ils revenaient en chantant de la charrue, ou qu'ils ramenaient leurs troupeaux. Que de fois ils me virent avant l'aurore, précipitant déjà ma course, franchissant les fossés, heurtant étourdiment les arbres, qui, ébranlés par la secousse, faisaient pleuvoir sur mes cheveux épars la rosée dont ils étaient couverts, — et, traversant les prairies pour arriver au sommet du mont le plus élevé, d'où, sur un rocher escarpé, je tendais les bras vers l'orient, demandant au soleil pourquoi il ne se levait plus radieux comme autrefois. Ils te montreront la roche où, pendant que le monde était endormi, je m'asseyais en prêtant l'oreille au murmure des eaux et au mugissement des vents qui rassemblaient au-dessus de ma tête des nuages et les forçaient de voiler la lune, laquelle, en montant, éclairait de ses pâles rayons les croix plantées sur les tombeaux du cimetière. Alors, l'habitant des chaumières voisines, réveillé par mes cris, s'avançait sur le seuil de la porte et m'écoutait dans ce silence solennel, envoyer mes prières, mes gémissements et mes invocations à la mort... O ma solitude, où es-tu?... Il n'est pas une butte de terre, un arbre, un antre, qui ne revive dans ma mémoire, alimentant ce suave et éternel désir qui suit loin du toit natal l'homme proscrit et malheureux : c'est là que mes plaisirs, mes douleurs même m'étaient chers. Tout ce qui était mien est resté avec toi, Lorenzo, et je n'emporte en m'éloignant que l'ombre du pauvre Ortis.

Mais, toi, mon unique et cher ami, pourquoi m'écris-tu seulement deux paroles nues pour m'annoncer que tu es près de Thérèse?... Tu ne me dis pas comme elle vit, si elle me nomme, si Odouard me l'a enlevée... Je cours et recours à la poste, mais en vain... je reviens lentement désespéré... et je lis sur mon visage le pressentiment des plus grands malheurs... Je crois d'heure en heure m'entendre annoncer cette sentence mortelle : « Thérèse a juré... »

Ah! quand serai-je délivré de mon funeste délire et de mes folles illusions?... Adieu, Lorenzo, adieu.

Florence, 17 septembre.

Tu m'as cloué le désespoir dans l'âme... Thérèse, je le vois, cherche à me punir de l'avoir aimée. Son portrait, elle l'avait envoyé à sa mère avant que je le lui demandasse... Tu me l'assures et je le crois...

Mais prends garde, Lorenzo, qu'en voulant guérir mes blessures, tu ne me forces à recourir au seul baume qui peut les cicatriser.

Oh! mes espérances! — Ainsi elles s'évanouissent toutes, et je reste abandonné dans la solitude de ma douleur...

A qui me fier encore pour ne point être trahi? Tu le sais, Lorenzo, je ne t'éloignerai jamais de mon cœur... parce que ton souvenir m'est nécessaire; et, quelles que soient tes infortunes, tu me retrouveras toujours prêt à les partager... Seul, je suis donc condamné à tout perdre... mais qu'il soit ainsi jusqu'à la dernière ruine de tant d'esperances! Je ne me plains ni d'elle ni de toi... je n'accuserai ni moi, ni ma mauvaise fortune; je m'avilis avec tant de larmes, et je perds la consolation de pouvoir dire : « Je supporte mes maux, et je ne me plains pas. » Vous m'abandonnez tous, soit. — Mon cœur et mes gémissements vous suivront partout, parce que, sans vous, je ne suis pas homme et que, de tout temps, je vous appellerai dans mon désespoir.

Tiens, lis les deux seules lignes que Thérèse m'écrit :

« Respectez vos jours, je vous le commande au nom de nos malheurs. Nous ne sommes pas seuls malheureux... Je vous enverrai mon portrait aussitôt que je le pourrai. Mon père vous plaint, mais, en pleurant, m'ordonne de ne plus vous écrire. C'est en pleurant que je lui obéis... et je vous écris pour la dernière fois en pleurant ; car ce n'est plus que devant Dieu, désormais, que je puis avouer que je vous aime. »

Tu as donc plus de courage que moi? Oui, je répéterai ces paroles comme si elles étaient tes dernières volontés... Je m'entretiendrai encore une fois avec toi, ô Thérèse!... mais seulement le jour où j'aurai acquis tant de raison, que je me sentirai le courage de m'en séparer pour jamais...

Ah! si du moins t'aimer de cet amour immense, le taire, m'éloigner et me séparer de tout... pouvait te rendre la paix!... si ma mort pouvait expier, au tribunal de nos persécuteurs, ta passion, ou l'étouffer pour toujours dans ton sein!... oh! je supplierais, avec toute l'ardeur et la vérité de mon âme, la nature et le Ciel de m'enlever enfin de ce monde... Or, que je résiste au fatal et cependant si doux désir de mort, je te le promets; mais que je le surmonte, toi seule avec tes prières pourras peut-être l'obtenir de mon Créateur : je sens que de toute manière il m'appelle à lui; — mais, toi, vis; peut-être Dieu prendra en consolation ces larmes de repentir que je lui envoie, en lui demandant miséricorde pour toi. Hélas! hélas! tu n'as que trop participé de ma douleur, et tu ne t'es que trop faite malheureuse pour moi et par moi... Ton père !... comment l'ai-je remercié de ses soins, de sa tendresse et de sa confiance?... Et toi, au bord de quel précipice ne t'es-tu pas trouvée et ne te trouves-tu pas encore à cause de moi? Mais qui te dit qu'aux bienfaits de ton père, je ne répondrai pas par une reconnaissance inouïe : je ne lui présente pas en sacrifice mon cœur tout sanglant... Mais, crois-moi, je ne suis le débiteur d'aucun homme en générosité, et, tu le sais, je suis moi-même le plus cruel accusateur que je puisse trouver contre mon amour. — Être la cause de tes chagrins est à mes yeux le plus terrible crime que j'aie jamais pu commettre...

Insensé!... à qui parlé-je? et à propos de quoi?

Si cette lettre te trouve encore à mes collines, garde-toi de la montrer à Thérèse; ne lui parle point de moi, et, si elle te demande de mes nouvelles, réponds-lui seulement que je vis encore, que je vis!... et rien de plus... En somme, ne lui dis pas un mot de moi... Je te l'avoue, Lorenzo, je me plais dans mon malheur. Je touche moi-même mes blessures à l'endroit où elles sont le plus mortelles; je les rouvre et je les regarde saigner... et il me semble que mes tourments sont une expiation de ma faute et un adoucissement aux maux de cette innocente!...

Florence, 23 septembre.

C'est dans cet heureux pays, mon cher Lorenzo, que les muses et les beaux-arts sont venus chercher un asile contre la barbarie. De quelque côté que je tourne les yeux, j'aperçois les berceaux ou les sépultures des premiers grands Toscans... A chaque pas, je crains de fouler leurs dépouilles. La Toscane ressemble partout et toujours à une ville et à un jardin; le peuple y est naturellement affable, le ciel pur, l'air plein de vie et de santé; mais, tu le sais, ton ami n'a pas de repos. J'espère toujours demain, dans un pays voisin... Demain arrive, et me voilà allant de ville en ville, et, de ville en ville, mon état d'exil et de solitude me pèse davantage... Il ne m'est pas permis de continuer ma route. J'étais décidé à aller à Rome pour me prosterner sur les ruines de notre grandeur; mais ils m'ont refusé un passe-port. Celui que ma mère m'a envoyé n'est que pour Milan, et, ici, comme si je fusse venu pour conspirer, ils m'ont investi de mille questions; peut-être n'ont-ils point tort... Mais je leur répondrai demain en partant...

C'est ainsi que les Italiens sont étrangers en Italie, et qu'à peine sortis de leur petit territoire, ils sont en butte à des persécutions contre lesquelles ne peuvent leur servir de bouclier ni leur génie, ni leur conscience, et malheur à ceux qui laisseraient briller une étincelle de leur courage ! A peine bannis du seuil de notre porte, nous ne trouvons plus personne qui nous recueille : dépouillés par les uns, tourmentés par les autres, trahis toujours par tous, abandonnés par nos concitoyens, qui, bien loin eux-mêmes de nous plaindre et de nous secourir dans notre malheur, regardent comme des barbares tous ceux qui ne sont point de leur province et dont les bras ne font pas sonner les mêmes chaînes... |Dis-moi, Lorenzo, quel refuge nous reste-t-il ? Nos moissons ont enrichi nos maîtres, nos champs dévastés n'offrent plus ni pain ni asile aux exilés que la révolution a balayés loin du ciel natal; errants, mourants de faim, ils ont sans cesse à leurs côtés, et murmurant à leur oreille, le dernier conseiller de l'homme abandonné de toute la nature : le crime! Quel asile nous reste-t-il donc? Un désert ou la tombe! Il y a encore l'avilissement, — c'est vrai!... l'avilissement par lequel l'homme vit plus longtemps peut-être... mais méprisable à ses propres yeux, et méprisé sans cesse par ces tyrans mêmes à qui il se vend, et par lesquels un jour il sera vendu.

J'ai parcouru la Toscane; tous ses monts, tous ses champs sont fameux par les combats entre frères qui s'y livrèrent il y a quatre siècles : c'est là que les cadavres de plusieurs milliers d'Italiens ont servi de base et de fondement aux trônes des empereurs et des papes. J'ai gravi le monte Aperto, où vit encore infâme le souvenir de la défaite des guelfes... A peine un faible crépuscule éclairait-il la plaine... et, dans ce triste silence, dans cette froide obscurité, l'âme envahie par le souvenir des antiques et terribles malheurs de l'Italie, j'ai senti mes cheveux se dresser d'horreur, et courir un frisson par toutes mes veines. Je jetais des cris avec une voix à la fois menaçante et épouvantée, et, du haut de la montagne où j'étais, il me semblait, sur ses flancs et par ses chemins les plus escarpés, voir monter à moi les ombres de tant de Toscans qui se sont massacrés là, qui, l'épée et les habits ensanglantés, fixaient les uns sur les autres des regards louches et menaçants, s'attaquaient encore, et, par des blessures nouvelles, rouvraient leurs anciennes blessures... Oh! pour qui ce sang? Le fils tranche la tête de son père et la secoue par la chevelure... Oh! pour qui tant de meurtres? Les rois, pour qui vous vous massacrez, tranquilles spectateurs du combat, se serrent la main au milieu du carnage, se partagent froidement vos dépouilles et votre terrain!... A cette pensée, je fuyais précipitamment, en regardant derrière moi... Cette horrible vision me suivait partout, et, lorsque je me trouve seul, et de nuit, je revois autour de

moi ces spectres... et, parmi eux, un plus terrible
que tous, et que je connais seul... O ma patrie! dois-
je toujours t'accuser et te plaindre sans aucun espoir de te corriger ou de te secourir?

Milan, 27 octobre.

Je t'ai écrit de Parme, et ensuite de Milan, le
jour même de mon arrivée; la semaine dernière,
tu as encore dû recevoir de moi une lettre très-lon-
gue. Comment se fait-il donc que la tienne m'arrive
si tard, et par la route de la Toscane, que j'ai quittée depuis le 28 septembre?... Un soupçon me
mord le cœur, Lorenzo; nos lettres sont interceptées. Les gouvernements mettent en avant la sûreté
de l'État, et, par ce moyen, ils violent la plus pré-
cieuse de toutes les propriétés, le secret; ils défen-
dent les plaintes secrètes, et profanent l'asile sacré
que le malheur cherche dans le sein de l'amitié...
J'aurais dû le prévoir; mais, sois tranquille, leurs
bourreaux n'iront pas à la chasse de nos paroles et
de nos pensées, et je trouverai quelque moyen pour
que mes lettres et les tiennes nous arrivent invio-
lées.

Tu me demandes des nouvelles de Joseph Parini :
il conserve sa généreuse fierté; et cependant je
l'ai trouvé abattu par les événements et la vieillesse.

Lorsque j'allais le voir, je le trouvai sur le seuil de sa chambre, et prêt à sortir de chez lui. En m'apercevant, il s'arrêta, et, s'appuyant sur son bâton, me posa la main sur l'épaule.

— O mon fils! me dit-il, tu viens revoir ce généreux cheval, qui sent encore le feu de la jeunesse; mais qui, accablé par l'âge, ne peut plus se relever que sous le fouet de la Fortune.

Il craint d'être chassé de sa chaire, et d'être forcé, après soixante-dix ans d'études et de gloire, de mourir en mendiant.

Milan, 11 novembre.

J'ai demandé à un libraire la *Vie de Benvenuto Cellini.*

— Nous ne l'avons pas, m'a-t-il répondu.

Je demandai alors un autre écrivain, et il me répondit encore dédaigneusement qu'il ne vendait pas de livres italiens. Ce qu'on appelle le beau monde parle élégamment le français, et comprend à peine le pur toscan. Les actes publics et les lois sont rédigés dans une langue bâtarde qui porte avec elle le témoignage de l'ignorance et de l'avilissement de ceux qui les ont dictés. Les Démosthènes cisalpins ont discuté en plein sénat de bannir par sentence capitale de la république les langues grecque et latine; ils ont mis au jour une loi dont l'unique but est d'éloigner de tout emploi public le mathématicien Gregorio Fontana et Vincentin Monti, le poëte. Je ne sais pas ce qu'ils ont écrit contre la liberté, avant qu'elle fût décidée à se prostituer comme elle l'a fait en Italie ; mais, aujourd'hui, ils sont tout prêts à écrire pour elle, et, quelle que soit leur faute, l'injustice de la punition les absout, et la solennité d'une loi faite pour deux individus double leur réputation. J'ai demandé où était la salle du conseil législatif; peu ont compris, très-peu m'ont répondu, et personne n'a pu me l'enseigner.

Milan, 4 décembre.

Voici la seule réponse que je ferai à tes conseils, mon cher Lorenzo : dans tous les pays, j'ai vu trois classes d'hommes; quelques-uns qui commandent, beaucoup qui obéissent, et le reste qui intrigue. Nous ne sommes point assez puissants pour commander, nous ne sommes pas assez aveugles pour obéir, et nous ne sommes pas assez vils pour intriguer : il vaut donc mieux vivre comme ces chiens sans maître, à qui personne ne touche, ni pour les nourrir ni pour les battre. A qui veux-tu que je demande des protections et des emplois dans un pays où l'on me regarde comme étranger, et duquel peut me faire chasser le caprice du premier espion? Tu me parles toujours de mon mérite et de mon es-

prit; sais-tu ce que je vaux, et ce qu'on m'estime?
Ni plus ni moins que la valeur de mon revenu : il
faudrait, pour leur plaire, que je fisse le poëte de
cour, en étouffant en moi cette noble ardeur que
craignent et haïssent les puissants, en dissimulant
ma vertu et ma science, afin de ne pas être pour eux
un reproche de leur ignorance et de leurs crimes...
Tels sont cependant les savants partout, me diras-
tu!... Eh bien, qu'ils soient ainsi, je laisse le monde
comme il est : je n'ai point la présomption de corriger les hommes; mais, si je l'entreprenais, je voudrais y parvenir ou porter ma tête sur le billot, ce
qui me paraît plus facile... Ce n'est point que ces
demi-tyrans ne s'aperçoivent des intrigues; mais
les hommes élevés de la fange au trône ont besoin
d'abord d'intrigants que par la suite ils ne pourront
plus contenir. Orgueilleux du présent, insouciants
sur l'avenir, pauvres de renommée, de courage et de
génie, ils s'entourent de flatteurs et de gardes qui les
raillent, les trahissent, dont, plus tard, ils ne pourront plus se débarrasser, et qui font de l'État une
roue éternelle d'esclavage, de licence et de tyrannie.
Pour être maîtres et voleurs de peuple, il faut
d'abord avoir été esclave et dupe... il faut avoir lé-
ché l'épée encore dégouttante de son sang... Ainsi
je pourrais peut-être me procurer un emploi, quelques milliers d'écus de plus par an, des remords et

l'infamie... Non, je te le répète une seconde fois, *jamais je ne ferai l'éloge du petit brigand.*

Oh ! je sens que je serai foulé aux pieds tant et tant !... mais, du moins, par la tourbe de mes compagnons... et pareil à ces insectes qui sont écrasés étourdiment par le premier qui passe; je ne me glorifie pas comme tant d'autres de ma servitude, mais aussi mes tyrans ne se vanteront pas de mon abaissement... Qu'ils réservent pour d'autres leurs bienfaits et leurs outrages, assez d'hommes les briguent sans moi... Je fuirai la honte en mourant inconnu; et, si jamais j'étais forcé de sortir de mon obscurité, au lieu d'être l'heureux instrument des tyrans ou de l'anarchie, je préférerais être leur victime.

Que si le pain et l'asile me manquaient, si je n'avais plus d'autres ressources que celles que tu me proposes (le Ciel me préserve, Lorenzo, d'insulter au malheur de tant d'autres qui n'auraient pas le courage de m'imiter!), alors, Lorenzo, je m'en irais dans la patrie de tous, où l'on ne trouve plus ni conquérants, ni délateurs, ni poëtes courtisans, ni princes, où les richesses ne sont plus la récompense du crime, où le malheureux n'est point puni par la seule raison qu'il est malheureux, où tous viendront un jour ou l'autre habiter avec moi et se réunir à la matière... dans la tombe.

Séduit par un rayon de lumière que je vois briller

de temps en temps et qu'il m'est impossible de joindre, je me cramponne encore sur les ruines de la vie ; et il me semble que, si j'étais enterré jusqu'au cou, et que ma tête seulement dépassât ma fosse, j'aurais encore devant les yeux cette flamme céleste... O gloire ! tu marches devant moi et tu m'entraînes ainsi à un voyage dont je ne pourrais supporter la fatigue ; mais, à compter du jour où tu ne fus plus ma seule pensée et mon unique passion, ton fantôme brillant commença à pâlir et à chanceler : et le voilà maintenant qui tombe et se change enfin en un monceau d'ossements et de cendres, desquels je verrai sortir de temps en temps quelques pâles rayons ;... mais je passerai sans m'arrêter sur ton squelette, et en souriant à mon ambition trompée... Que de fois, humilié de mourir inconnu à mon siècle et à ma patrie, j'ai caressé moi-même mes angoisses pendant que je me sentais le besoin et le courage de les terminer ! peut-être même n'eussé-je point survécu à ma patrie, si je n'eusse été retenu par la folle crainte que la pierre qui recouvrirait mon tombeau n'ensevelît bientôt aussi mon nom. Je te l'avouerai, Lorenzo, souvent j'ai regardé avec une espèce de complaisance les malheurs de l'Italie, parce que je me croyais réservé par la fortune et par mon courage à la délivrer de la servitude... Hier encore, je le disais à Parini.

Adieu; voici l'envoyé de mon banquier qui vient chercher cette lettre, dont le feuillet rempli de tous côtés m'avertit qu'il est temps de terminer, et cependant que de choses il me reste à te dire!... Décidément, j'attendrai jusqu'à samedi pour te l'envoyer, et je continue à t'écrire. O Lorenzo! après tant d'années de si affectueuse et loyale amitié, nous voilà peut-être séparés pour jamais; il ne me reste d'autre consolation que de pleurer avec toi en t'écrivant; et, de cette manière, je parviens à échapper quelque peu à mes pensées et ma solitude devient moins effrayante. Que de fois, réveillé tout à coup au milieu de la nuit, je me lève et, marchant lentement dans ma chambre, je t'appelle, puis je m'assieds, je t'écris, et mon papier se mouille de mes larmes, se remplit de délires et de projets de sang! Lorsque cela arrive, je n'ai plus le courage de te l'envoyer, j'en conserve quelques fragments, et j'en brûle beaucoup. Ensuite, lorsque le Ciel m'accorde un moment de calme, j'en profite pour t'écrire avec le plus de fermeté qu'il m'est possible, afin de ne point t'attrister encore par mon immense douleur. Jamais je ne me fatiguerai de t'écrire, parce que c'est mon seul et dernier bonheur; et jamais tu ne te fatigueras de me lire, parce que mes lettres contiennent, sans orgueil, sans étude, sans honte, l'expression de mes plus grands plaisirs et de mes suprêmes douleurs... Garde-les, Lorenzo, garde-les : je prévois qu'un jour elles te deviendront nécessaires pour vivre comme tu pourras par ce souvenir — avec ton Ortis.

Hier au soir, je me promenais avec ce vieillard vénérable sous un massif de tilleuls qui se trouve dans le faubourg, à l'est de la ville. Il se soutenait d'un côté sur mon bras, et de l'autre sur son bâton, et, regardant ses pieds tordus, il se tournait ensuite vers moi, comme pour se plaindre de son infirmité et me remercier de la complaisance avec laquelle je l'accompagnais. Nous nous assîmes sur un banc, et son domestique se tint à quelques pas de nous. Parini est l'homme le plus digne et le plus éloquent que j'aie jamais connu, et, d'ailleurs, quel est celui auquel une douleur profonde et généreuse ne donne pas une suprême éloquence ?

Longtemps il me parla de notre patrie, et il frémissait de notre ancienne servitude et de notre nouvelle licence : les lettres prostituées, toutes les passions généreuses languissantes et dégénérant en une indolente et vile corruption ; plus de sainte hospitalité, plus de bienveillance, plus d'amour filial. Puis il me déroulait les annales récentes et les crimes de tant de pauvres petits scélérats que je daignerais déshonorer si je reconnaissais en eux, je ne dirai pas la force d'âme des Sylla et des Catilina, mais au moins le courage impudent de ces assassins

qui affrontent la honte en marchant à la potence...
Ah! ces demi-voleurs, toujours vils, tremblants et astucieux!... il vaut mieux ne pas même prononcer leurs noms...

A ces paroles, je me levai furieux.

— Et pourquoi, m'écriai-je, ne pas essayer? Nous mourrons, je le sais; mais de notre sang naîtront des vengeurs...

Parini me regardait avec étonnement; mes yeux brillaient d'un feu qu'il ne m'avait pas encore vu, et mon visage, pâle et abattu, se relevait avec un air menaçant... Je me taisais, mais je sentais un frémissement bouillonner dans ma poitrine.

— Eh! repris-je, nous n'aurons jamais de salut... Ah! si les hommes savaient considérer la mort sous son véritable aspect, ils ne serviraient jamais si bassement.

Parini n'ouvrait pas la bouche; mais il me serrait le bras et me regardait fixement... Tout à coup, me tirant à lui et me faisant asseoir :

— Eh! penses-tu, me dit-il, que, si j'eusse vu pour la liberté de l'Italie une seule lueur d'espérance, je me perdrais, à la honte de ma vieillesse, en de vains gémissements? O jeune homme, digne d'une patrie plus reconnaissante, réprime cette ardeur fatale, ou, si tu ne peux l'éteindre, tourne-la du moins vers d'autres passions.

Alors, je regardai dans le passé ; alors, je me tournai avidement vers l'avenir ; mais partout je vis mes espérances trompées... et mes bras se rapprochèrent de moi sans avoir rien pu saisir... C'est seulement alors que je sentis toute l'amertume de mon état. Je racontai à ce grand homme l'histoire de mes passions. Je lui dépeignis Thérèse comme un de ces génies célestes descendus du ciel pour éclairer les ténèbres de notre vie, et, à mes paroles et à mes pleurs, j'entendis le vieillard attendri soupirer du fond de l'âme.

— Non, lui dis-je, mon cœur n'a plus d'autre désir que celui de la tombe : je suis l'enfant d'une mère qui m'adore ; et souvent il me semble la voir suivre en tremblant la trace de mes pas, m'accompagner jusqu'au sommet de la montagne d'où je voulais me précipiter, et, tandis que, le corps penché en avant, je m'abandonne à l'abîme, je crois sentir sa main m'arrêter tout à coup par mon habit. Je me retourne... elle disparaît, et je n'entends plus le bruit de ses plaintes et de ses sanglots. Cependant, si elle connaissait mes tourments cachés, je suis certain qu'elle invoquerait elle-même le Ciel pour qu'il terminât des jours si pleins d'angoisses et de tortures. Mais l'unique flamme qui anime encore ce pauvre cœur si tourmenté, c'est l'espoir de tenter la liberté de sa patrie.

Il sourit tristement, et, s'apercevant que ma voix s'affaiblissait et que mes regards immobiles s'abaissaient vers la terre :

— Peut-être, me dit-il, ce besoin de gloire pourrait-il t'entraîner à de grandes actions ; mais, crois-moi, les héros doivent un quart de leur renommée à leur audace, les deux autres au hasard, et le dernier à leurs crimes ; eh bien, fusses-tu assez heureux et assez barbare pour aspirer à cette gloire, penses-tu que notre époque t'en offre les moyens ?... Les gémissements de tous les âges et la servitude de notre patrie ne t'ont-ils point appris qu'on ne doit pas attendre la liberté des nations étrangères ? Quiconque se mêle des affaires d'un pays conquis n'en retire que le blâme public et sa propre infamie. Quand les droits et les devoirs reposent sur la pointe de l'épée le fort écrit ses lois avec le sang et exige le sacrifice de toute vertu... Et, dans ce cas, auras-tu le courage et la persévérance d'Annibal, qui, proscrit et fugitif, cherchait dans l'univers un ennemi au peuple romain ? D'ailleurs, il ne te sera pas permis d'être juste impunément ; un jeune homme d'un caractère vertueux et bouillant, d'un esprit cultivé, mais sans fortune, un jeune homme comme toi, enfin... sera toujours ou l'instrument des factieux ou la victime des puissants... Eh ! comment alors espères-tu te conserver pur et sans tache au milieu de l'avilissement général? On te louera hautement; puis, tout bas, tu te sentiras blessé par le poignard nocturne de la calomnie. Ta prison sera abandonnée par tes amis, ta tombe sera à peine honorée d'un soupir... Mais je veux bien supposer encore que, triomphant de la puissance des étrangers, de la malignité de tes concitoyens, de la corruption de ton siècle, tu puisses parvenir à ton but; dis-moi, répandras-tu tout le sang avec lequel il faut nourrir une république naissante? brûleras-tu tes maisons avec les torches de la guerre civile? uniras-tu les partis par la terreur? enchaîneras-tu les opinions par les échafauds? égaliseras-tu les fortunes par des massacres? Et, si tu tombes dans ta route, ne seras-tu pas regardé par les uns comme un démagogue, par les autres comme un tyran? Les amours de la multitude sont courts et funestes: elle juge par le résultat, jamais par l'intention! elle appelle vertu le crime qui lui devient utile; elle appelle crime la vertu qui lui est préjudiciable, et, pour mériter ses applaudissements, il faut l'effrayer, l'enrichir et la tromper toujours. Et que cela soit encore! pourrais-tu, enorgueilli de la fortune, réprimer le libertinage du pouvoir, qui s'éveillera sans cesse en toi par le sentiment de ta supériorité et la connaissance de la bassesse commune? Les mortels naissent tyrans, esclaves ou aveugles, c'est leur nature! Alors, pour fonder ton système de philanthropie, tu aurais été un oppresseur, tu aurais échangé la tranquillité contre quelques années de puissance, et tu aurais confondu ton nom dans la foule immense des despotes. Tu peux encore chercher une place parmi les capitaines ; alors, il faut avant tout endurcir ton âme, t'apprendre à piller d'un côté pour répandre de l'autre, t'habituer à lécher la main qui t'aidera à monter... Mais, ô mon fils ! l'humanité gémit à la naissance d'un conquérant, et son seul espoir, tant qu'il existe, est de sourire un jour sur son tombeau.

Il se tut ; puis, après un long silence :

— O Coccius Nerva, m'écriai-je, tu sus du moins mourir sans tache, toi !

Le vieillard me regarda :

— Jeune homme, me dit-il en me pressant la main, ne crains-tu ou n'espères-tu rien au delà du monde ? Mais il n'en est pas ainsi de moi.

Il leva les yeux vers le ciel, et cette physionomie sévère s'adoucit d'un suave rayon, comme s'il eût vu briller là-haut toutes ses espérances...

Dans ce moment, nous entendîmes un léger bruit, et nous vîmes à travers les tilleuls quelques personnes qui s'avançaient vers nous. Nous nous retirâmes alors, et je l'accompagnai jusque chez lui.

Ah ! si je ne sentais pas s'éteindre pour jamais

dans mon cœur ce feu céleste qui, dans les fraîches années de ma vie, répandait ses rayons sur tout ce qui m'entourait, tandis qu'aujourd'hui je vais sans cesse chancelant dans une vague obscurité; si je trouvais un toit où dormir tranquille; s'il m'était rendu de me cacher sous les ombres de ma solitude natale; si un amour désespéré que ma raison combat toujours et ne peut jamais vaincre, un amour que je me cache à moi-même, mais qui chaque jour s'augmente encore et se fait tout-puissant et immortel... ah! la nature nous a doués de cette passion, plus indomptable en nous que l'instinct fatal de la vie! si je pouvais retrouver une année de calme, une seule année, ton ami voudrait que le Ciel exauçât son dernier vœu, et puis mourir. J'entends mon pays qui me crie : « Raconte ce que tu as vu, j'enverrai ma voix du sein des ruines et je te dicterai mon histoire. Les siècles pleureront sur ma solitude, et les peuples s'attristeront sur mes malheurs. Le temps abat le fort, et les crimes du sang sont lavés dans le sang. » Et, tu le sais, Lorenzo, j'aurais eu le courage de l'écrire; mais mon énergie diminue avec mes forces, et je sens qu'avant peu de mois, j'aurai achevé mon douloureux pèlerinage.

Mais vous, âmes sublimes et rares, qui solitaires ou persécutées, frémissez sur les malheurs de notre patrie, si le Ciel ne vous a point accordé le pouvoir de

repousser la force par la force, racontez du moins
nos infortunes à la postérité; élevez la voix au nom
de tous, dites au monde que nous sommes malheureux, mais ni aveugles ni vils, et que ce n'est pas le
courage qui nous manque, mais la puissance. — Si
vos bras sont liés, pourquoi de vous-mêmes vous enchaîner l'esprit, dont ne peuvent être arbitres les tyrans ni la fortune, éternels et seuls arbitres de toutes
choses! Écrivez!... mais, en écrivant, ayez pitié de
vos concitoyens; n'échauffez pas vainement les passions politiques. Le genre humain d'aujourd'hui a le
délire et la faiblesse de la décrépitude; mais le genre
humain, lorsqu'il est près de la mort, renaît plus
vigoureux. Écrivez pour ceux-là qui seront dignes de
voir et d'entendre, et qui auront la force de vous
venger. Poursuivez avec la vérité vos persécuteurs :
puisque vous ne pouvez les opprimer par la force des
armes pendant qu'ils vivent, opprimez-les dans l'a-
venir avec l'opprobre et l'infamie. S'ils vous ont
ravi patrie, tranquillité, richesse; si vous n'osez devenir époux, si vous tremblez au doux nom de père,
pour ne point donner dans l'exil et l'infortune l'existence à de nouveaux proscrits et à de nouveaux malheureux, comment alors caressez-vous si bassement
une vie qu'ils ont dépouillée de tous ses plaisirs.
Consacrez-la à l'unique fantôme qui conduit les
hommes généreux : à la gloire! Vous jugerez l'Eu-

rope vivante, et vos jugements éclaireront la postérité ; la faiblesse humaine vous montre la terreur et les périls; mais vous serez immortels! au milieu de l'avilissement des prisons et des supplices, vous vous élèverez contre les puissants, et leur colère contre vous ne fera qu'accroître leur honte et votre renommée...

Milan, 6 février 1799.

Envoie tes lettres à Nice; demain, je pars pour la France, et, qui sait? peut-être pour plus loin encore. Mais il est certain que je ne m'y arrêterai pas longtemps. Que cette nouvelle ne t'attriste point, Lorenzo, et console comme tu pourras ma pauvre mère. Peut-être me diras-tu que c'est moi d'abord que je devrais fuir, et que, si je ne puis trouver le repos nulle part, il serait bien temps que je m'arrêtasse? C'est vrai. — Je ne trouve pas de repos; mais il me semble que je suis ici plus mal que partout ailleurs. La saison !... le brouillard perpétuel !... certaines physionomies !... et puis peut-être que je me trompe, mais le manque de cœur des habitants... Je ne puis leur en faire un crime, il est des vertus qui s'acquiè\-rent; mais la générosité, la compassion et la délicatesse naissent avec nous, et qui ne les sent pas ne les cherche pas. Quant à moi, je me suis mis dans l'esprit une telle fantaisie de partir, que chaque heure que je passe dans ce pays me paraît une année de prison.

— Ton raisonnement est injuste, me diras-tu, parce que, dans ce moment, tous tes sens, émus par la douleur, ressemblent à ces membres écorchés qui se retirent au moindre souffle d'air, si doux qu'il soit. Prends le monde comme il est, c'est le moyen de vivre plus tranquille et moins fou.

Mais que me dira celui qui me donne de si merveilleux conseils, lorsque je lui répondrai :

— Quand la fièvre t'agite, fais que ton pouls se calme, et tu seras guéri.

Eh bien, moi, je suis agité par une fièvre continuelle, et mille fois plus brûlante encore; comment alors puis-je maîtriser mon sang, qui s'élance avec rapidité, qui s'amasse en bouillonnant dans mon cœur, qui s'en échappe avec tant de force, qu'il me semble parfois, dans mon sommeil, que ma poitrine va se briser?... O Ulysses que vous êtes ! lorsque je vous vois dissimulateurs, insensibles, incapables de secourir la pauvreté sans l'insulter, et de défendre le faible contre l'injustice; lorsque je vous vois, pour satisfaire vos basses passions, ramper aux pieds du puissant que vous haïssez et qui vous méprise... alors, je voudrais faire passer dans vos âmes quelques gouttes de cette bile généreuse qui arme sans cesse mon bras et ma voix contre la tyrannie, qui m'ouvre incessamment la main à l'aspect de la misère, et qui me sauvera toujours de l'avilissement dans lequel vous êtes tombés. Vous vous croyez sages, et le monde vous appelle vertueux... Cessez de craindre... Tout est égal entre nous. Dieu vous préserve de ma folie... et je le prie, de toutes les puissances de mon âme, qu'il me préserve de votre sagesse...

Lorenzo, j'irai chercher un asile dans tes bras; tu respectes et tu plains mes passions; car tu as vu ce lion s'adoucir aux seuls accents de ta voix... Mais, maintenant, tous conseils, toute raison sont funestes pour moi. Malheur, si je n'obéissais pas aux mouvements de mon cœur! La raison! elle est comme le vent: il éteint un flambeau, il allume un incendie... Adieu, cependant!...

Dix heures du matin.

J'ai réfléchi, Lorenzo; je crois que tu ferais mieux de ne point m'écrire avant d'avoir reçu de moi de nouvelles lettres. Je prends le chemin des Alpes Liguriennes pour éviter les glaces du mont Cenis; tu sais combien le froid m'est contraire.

Une heure.

Encore un nouveau retard. Je ne pourrai avoir mon passe-port que dans deux jours. Je t'enverrai cette lettre au moment de monter en voiture.

Une heure et demie.

Je t'écris les yeux encore dans les larmes et fixés sur tes lettres. En mettant en ordre mes papiers, mes regards sont tombés sur le peu de mots que tu m'écrivis au bas d'une lettre de ma mère, quelques jours avant que je quittasse mes collines... « Mes pensées, mes vœux et mon amitié éternelle pour toi t'accompagneront partout, ô mon cher Ortis ; je serai toujours ton ami, ton frère, et la moitié de mon âme sera toujours à toi. »

Croirais-tu qu'à chaque instant je répète ces mots et qu'en les répétant, je me sens tellement ému, que je suis sur le point de courir me jeter à ton cou, afin d'expirer entre tes bras. Adieu, adieu, je reviendrai.

Trois heures.

J'ai été faire une dernière visite à Parini.

— Adieu, m'a-t-il dit, ô malheureux enfant, adieu ! tu emporteras partout avec toi tes passions généreuses que jamais tu ne pourras satisfaire, tu seras malheureux... Je ne puis te consoler avec mes conseils, parce que mes infortunes, à moi, dérivent de la même source. La glace de l'âge a engourdi mes membres, mais le cœur ! il veille toujours. La seule consolation que je puisse t'offrir est ma pitié, et tu l'emportes tout entière avec toi. Dans peu de temps, j'aurai cessé d'exister; mais, si mes restes conservent quelque sentiment, si tu trouves quelque douceur à pleurer sur mon tombeau, viens-y...

Je fondis en larmes et je le quittai. Il me suivit des yeux tant qu'il put m'apercevoir, et j'étais déjà au bout du corridor que je l'entendais encore d'une voix étouffée m'envoyer un dernier adieu.

Neuf heures du soir.

Tout est prêt. — Les chevaux sont commandés pour minuit. Je vais me jeter tout habillé sur mon lit jusqu'à ce qu'ils viennent. Je me sens si fatigué!

Adieu, cependant, adieu, Lorenzo; j'écris ton nom et je te salue avec une tendresse et une superstition que je n'ai point encore éprouvées... Oh! oui, nous nous reverrons, il me serait trop cruel de mourir sans te revoir et te remercier pour toujours... Et toi, Thérèse... Mais, puisque mon malheureux amour te coûterait ton repos et ferait le malheur de ta famille..; adieu!... je fuis sans savoir où m'entraînera mon destin; que les Alpes, que l'Océan, qu'un monde entier, s'il est possible, nous sépare!....

Gênes, 11 février.

Voilà le soleil plus beau que jamais... Toutes mes fibres sont plongés dans un suave frémissement et se ressentent de la beauté du ciel de ce pays... Je suis pourtant content d'être parti... Dans quelques instants, je poursuivrai ma route ; mais je ne puis te dire encore où je m'arrêterai ni quand finira mon voyage ; mais pour le 16 je serai à Toulon.

De la Piezza, 15 février.

Chemins, alpes, montagnes escarpées, rigueur de temps, dégoût de voyage, et puis...

Nouveaux tourments et nouveaux tourments [1]

Je t'écris d'un petit pays, au pied des Alpes Maritimes, où j'ai été forcé de m'arrêter, et duquel je ne sais encore quand je partirai, attendu que la poste manque de chevaux. Me voilà donc encore avec toi, et avec de nouveaux chagrins, et ne pouvant faire un pas sans rencontrer la douleur sur ma route.

Ces deux jours, je suis sorti sur le midi, et j'ai été à un mille environ de la ville me promener parmi quelques oliviers épars sur la plage de la mer !

1. Le Dante.

j'allais me consoler aux rayons du soleil et boire cet air vivace, d'autant plus que, dans ce doux climat, l'hiver est encore plus doux que de coutume ; et, là, je me croyais seul, inconnu et caché aux hommes qui passaient ; mais à peine fus-je revenu à l'hôtel, que Michel, en allumant mon feu, me raconta qu'un certain individu, habillé comme un mendiant, et arrivé depuis peu dans cette chétive auberge, lui avait demandé si je n'avais pas autrefois étudié à Padoue ; il ne se rappelait plus mon nom, mais il avait gardé assez de souvenir de moi, du temps et des lieux ; il te nommait d'ailleurs...

— Enfin, continua Michel, son parler vénitien m'a fait croire que vous ne seriez pas fâché de retrouver un compatriote au fond de cette solitude... Et puis... et puis il paraissait si fatigué, si malheureux, que la crainte de déplaire à monsieur a fait place à la compassion, et que j'ai promis de l'avertir lorsque vous seriez revenu ; il attend dehors...

— Fais-le donc entrer, dis-je à Michel.

Et, tandis qu'il était allé le chercher, je sentis une tristesse soudaine inonder toute ma personne. L'enfant revint bientôt avec un homme maigre et d'une taille élevée, qui paraissait être jeune et avoir été beau, mais dont le visage était déjà sillonné par les rides de la douleur. Frère, j'étais près du feu, entouré de fourrures, mon manteau jeté sur la chaise voisine, l'aubergiste allait et venait pour préparer mon dîner... et ce malheureux, à peine vêtu d'un gilet de toile, me glaçait à le regarder... Peut-être que mon accueil triste et son état misérable l'avaient troublé d'abord; mais, à mes premières paroles, il dut bien s'apercevoir que ton ami n'est point de ceux qui découragent les infortunés.

S'asseyant alors auprès de moi pour se réchauffer, il me raconta ce qui lui était arrivé pendant cette dernière et douloureuse année de sa vie.

— Je connais beaucoup, me dit-il, un étudiant qui était nuit et jour à Padoue avec vous.

Alors, il te nomma.

— Il y a bien longtemps, ajouta-t-il, que je n'ai eu de ses nouvelles; mais j'espère que la fortune ne l'aura pas traité aussi cruellement que moi... J'étudiais alors!...

Je ne te dirai pas son nom, mon cher Lorenzo... Dois-je encore t'attrister par les récits des malheurs d'un homme que tu connus heureux et que peut-être tu aimes encore? n'est-ce point déjà assez que le sort t'ait condamné à t'affliger toujours sur moi?

Il poursuivit.

— Aujourd'hui, en venant d'Albenga, avant d'arriver à la ville, je vous ai rencontré sur le rivage; vous ne vous êtes pas aperçu que je me retournais pour vous regarder, il me sembla vous reconnaître.

11.

Mais, ne vous connaissant que de vue, et quatre années s'étant écoulées depuis que j'ai quitté Padoue, je craignis de me tromper : votre domestique me rassura.

Je le remerciai d'être venu me voir.

— Et vous m'êtes d'autant plus agréable, lui dis-je, que vous m'avez fourni l'occasion de parler de Lorenzo.

Je ne te dirai pas ses douloureuses aventures. Forcé de s'exiler à la suite du traité de Campo-Formio, il s'engagea comme lieutenant dans l'artillerie cisalpine. Un jour qu'il se plaignait à un de ses amis des fatigues et des ennuis qu'il était forcé de supporter, celui-ci lui offrit un emploi : il accepta et prit son congé. Mais l'ami et la place lui manquèrent à la fois; il erra quelque temps en Italie pour s'embarquer à Livourne.

Mais, pendant qu'il parlait, j'entendis dans la chambre voisine les gémissements d'un enfant et une plainte étouffée; je remarquai alors que, chaque fois que ce bruit se renouvelait, il s'interrompait, écoutait avec inquiétude et ne reprenait son récit que lorsqu'il avait cessé.

— Peut-être, lui dis-je, sont-ce des voyageurs qui viennent d'arriver?

— Non, me répondit-il : c'est ma petite fille, âgée de treize mois, qui pleure...

Alors, il continua de me raconter qu'il s'était marié, pendant qu'il était lieutenant, à une jeune personne sans fortune, et que les marches continuelles qu'était obligé de faire son régiment, et que ne pouvait supporter sa femme, ainsi que la modicité de sa paye, l'avaient décidé encore plus à se fier à l'ami qui lui avait offert une place, et qui, depuis, l'avait abandonné. De Livourne, il s'était rendu à Marseille. A l'aventure, il avait ensuite parcouru la Provence et le Dauphiné, cherchant partout à enseigner l'italien sans qu'il pût nulle part trouver ni travail ni pain. Il revenait pour le moment d'Avignon et allait à Milan.

— Je me tourne vers le passé, continua-t-il, et je ne sais comment le temps s'est écoulé pour moi. Sans argent, suivi sans cesse d'une femme exténuée dont les pieds étaient déchirés par une route longue et pénible, et les bras brisés par le poids d'une innocente créature qui, à chaque instant, demandait au sein desséché de sa mère un aliment qu'il ne pouvait plus lui accorder, et qui nous déchirait l'âme par ses gémissements sans que nous pussions l'apaiser par la raison de notre impuissance;... exposés à toute la chaleur des jours et à toute la rigueur des nuits, couchant tantôt dans les écuries au milieu des chevaux, tantôt dans les cavernes comme des bêtes sauvages, chassés des villes par les gouverneurs, parce que mon indigence me fermait la porte des magistrats et ne leur permettait de m'accorder aucune confiance ; repoussé par mes anciens amis qui faisaient semblant de ne pas me connaître ou qui me tournaient les épaules !...

— On m'avait pourtant assuré, dis-je en l'interrompant, que beaucoup de nos concitoyens, riches et généreux, s'étaient retirés à Milan et dans ses environs.

— Alors, reprit-il, c'est que mon mauvais génie les aura rendus cruels pour moi seul... Il y a tant de malheureux, tant de proscrits, que les meilleurs cœurs se lassent de faire le bien, car un tel..., un tel... (et les noms de ces hommes dont il me découvrait l'hypocrisie étaient autant de coups de couteau dans mon cœur) m'ont fait attendre vainement à leur porte ; quelques autres, après de grandes promesses, m'ont fait faire plusieurs milles jusqu'à leurs maisons de campagne pour m'y accorder l'aumône de quelques pièces de monnaie... Le plus humain me jeta un morceau de pain sans daigner me voir ; le plus magnifique m'a fait, avec ces habits déchirés, traverser une haie de valets et de convives, et, après m'avoir rappelé l'ancienne prospérité de ma famille, après m'avoir recommandé le travail et la probité, me dit de revenir le lendemain. J'y retournai et je trouvai dans l'antichambre trois domestiques ; l'un d'eux me dit que son maître dormait encore et me mit dans la main deux écus et une chemise. Ah! continua-t-il, je ne sais si vous êtes riche; mais vos soupirs et votre visage me disent que vous êtes malheureux et compatissant. Croyez-moi, j'ai acquis la preuve que l'argent a le pouvoir de faire paraître généreux l'usurier même, et que le riche daigne rarement répandre ses bienfaits sur celui qui en a véritablement besoin.

Je me taisais; il se leva pour se retirer, et continua :

— Les livres m'ont appris à aimer les hommes et la vertu; mais les livres, les hommes et la vertu m'ont trompé. J'ai la tête savante et le cœur fier, mais j'ai les bras ignorants de tout métier. Ah! si mon père, du fond de la fosse où il est couché, pouvait entendre avec quels amers gémissements je lui reproche de ne point avoir fait de ses cinq fils des menuisiers ou des tailleurs!... Pour la misérable vanité de garder la noblesse sans la fortune, il a dépensé le peu qu'il possédait à nous mettre dans les universités et à nous lancer dans le monde, et nous cependant!... Je n'ai jamais pu savoir ce que la fortune avait fait de mes autres frères; je leur ai écrit plusieurs lettres sans jamais avoir de réponse; ils sont ou dénaturés ou malheureux!... Mais, pour moi, tel est le résultat des ambitieuses espérances de mon père! Que de fois il m'est arrivé, vaincu par la fatigue, par le froid, par la faim, d'entrer dans une auberge, sans savoir comment je payerais la dépense de la journée!... sans souliers, sans habits!...

— Ah! couvrez-vous! m'écriai-je en me levant et en lui jetant mon manteau sur les épaules. Couvrez-vous!

Michel, que le hasard avait amené dans la chambre et qui était derrière nous et nous écoutait, s'approcha alors en s'essuyant les yeux du revers de sa main et arrangea le manteau, mais avec un certain respect et comme s'il eût craint d'insulter à la fortune mauvaise chez un homme d'une naissance aussi distinguée.

O Michel! je me rappellerai toujours que tu pouvais vivre libre du moment que ton frère t'offrit de demeurer chez lui pour l'aider dans son commerce : et cependant tu as préféré rester près de moi, comme mon domestique. Oh! je garde note de cette patience avec laquelle tu souffris quelquefois mes désirs fantasques et les mouvements injustes de ma colère. La gaieté ne t'a point abandonné dans ma solitude; tu as partagé, autant que tu l'as pu, les maux qui m'ont accablé. Souvent ta physionomie joviale et ouverte adoucissait mes peines; et quand, plongé dans de noires pensées, je passais des journées entières sans laisser échapper un seul mot, tu réprimais ta joie pour ne point me faire apercevoir de ma douleur... Je t'aimais, Michel; mais ta dernière action envers ce malheureux a encore sanctifié ma reconnaissance. Tu es le fils de ma nourrice, tu as été élevé dans ma maison, je ne t'abandonnerai jamais; et mon amitié pour toi s'est encore augmentée depuis que je me suis aperçu que ton état de domesticité eût peut-être corrompu ton beau naturel, s'il n'avait été cultivé par ma bonne mère, par cette femme dont l'âme tendre et délicate communique sa douceur et sa bonté à tous ceux qui vivent avec elle.

A peine fus-je seul, que je remis à Michel tout l'argent dont je pouvais disposer, et, pendant que je dînais, je l'envoyai à ce malheureux. Je n'ai conservé que ce qui m'était absolument nécessaire pour me rendre à Nice, où je négocierai les lettres de change que les banquiers de Gênes m'ont expédiées pour Marseille et Toulon.

Ce matin, lorsque, avant de partir, il est venu me remercier avec sa femme et son enfant, si tu avais entendu avec quel accent de reconnaissance il me répéta plusieurs fois :

— Sans vous, je serais aujourd'hui cherchant le premier hôpital...

Je n'eus pas le courage de lui répondre; mais mon cœur lui disait :

— Oui, tu as maintenant de quoi vivre pendant quatre mois, pendant six... peut-être... Et puis... la trompeuse Espérance te guide par la main... et le chemin qu'elle te fait prendre doit te conduire peut-être à de nouveaux et à de plus grands malheurs !... Tu cherchais le premier hôpital, et peut-être n'étais-tu pas éloigné du tombeau. Mais, au moins, ce pauvre secours te donnera la force de supporter les maux qui t'attendent, qui t'auraient accablé, et qui allaient pour toujours te délivrer du fardeau de la vie. Réjouis-toi cependant du présent; mais que de peines il t'a fallu éprouver pour que cet état, qui paraîtrait aux autres si malheureux, te semble, à toi, le comble du bonheur !... Ah! si tu n'étais ni père ni mari, j'aurais pu te donner un conseil...

Et, sans dire un seul mot, je l'embrassai, et je le vis partir avec un serrement de cœur que je ne puis exprimer...

Hier soir [1] en me déshabillant, je me rappelai cette aventure.

— Pourquoi, me dis-je alors, cet homme a-t-il quitté sa patrie? pourquoi s'est-il marié? pourquoi a-t-il abandonné un emploi qui assurait son existence?

Toute son histoire me paraissait le roman d'un

---

[1]. Ce fragment, quoique sans date et sur une autre feuille, m'a paru néanmoins faire suite à la lettre précédente, et écrit du même pays. (*L'Éditeur.*)

fou, et je me demandais ce qu'il aurait pu faire, ou ne pas faire pour éviter ces malheurs... Mais j'ai tant de fois dans ma vie entendu répéter ce *pourquoi*, j'en ai tant vu qui se faisaient les médecins des maladies des autres, que je me suis couché en murmurant :

— O vous qui jugez aussi inconsidérément les hommes que maltraite la fortune, mettez une main sur votre cœur, et avouez-le franchement : êtes-vous plus sages ou plus heureux?

Crois-tu que ce qu'il a raconté était vrai?... Moi, je crois qu'il était à moitié nu, et que j'étais bien couvert; j'ai vu une femme languissante, j'ai entendu les cris d'un enfant. O mon ami, doit-on chercher encore avec une lanterne des arguments contre le pauvre, parce qu'il sent dans sa conscience le droit que lui a donné la nature de partager le pain du riche. — On me dira sans doute que les malheurs qui, chez les autres, dérivent du vice sont peut-être chez celui-ci le fruit du crime; je l'ignore et ne veux point le savoir : juge, mon devoir serait de condamner les coupables; mais je suis homme. Lorsque je songe aux frissons que cause la première idée du crime, à la faim et aux passions qui nous poussent à le commettre, aux terreurs perpétuelles et aux remords avec lesquels l'homme se rassasie du fruit ensanglanté de sa faute, aux cachots

toujours ouverts pour l'engloutir, à l'indigence et
au déshonneur qui l'attendent s'il parvient à échapper à la justice, je me demande alors si je dois l'abandonner au désespoir et à de nouveaux crimes,
et s'il est le seul coupable; la calomnie, la trahison, la malignité, la séduction, l'ingratitude ne
sont-ils pas des crimes aussi, et des crimes qui, loin
d'être punis, deviennent souvent la source des
honneurs et de la fortune. Oh! punissez, juges et
législateurs, punissez; mais, auparavant, suivez-moi sous les chaumières de la campagne et dans les
faubourgs des capitales; voyez-y un quart de la population sommeillant sur la paille et ne sachant comment satisfaire aux suprêmes besoins de la vie. Je conviens qu'il est impossible de changer la société, je
reconnais que la faim, les crimes, les supplices, sont
les éléments nécessaires de l'ordre social et de la prospérité universelle; je crois que le monde ne pourrait
exister sans juges et sans bourreaux, et je le crois
ainsi parce que tel est le sentiment de tous;... mais,
moi, Lorenzo, je ne serai jamais juge. — Dans cette
vallée immense où l'humaine espèce naît, vit, meurt,
se reproduit pour mourir encore, sans savoir pourquoi ni comment, je ne distingue que deux classes
d'hommes, les heureux et les malheureux, et, si je
rencontre un malheureux, je pleure sur l'humanité,
je tâche de répandre quelques gouttes de baume sur

ses blessures, mais j'abandonne à la balance de Dieu ses mérites et ses fautes...

Vintimille, 19 et 20 février.

« Tu es malheureux sans espoir, tu vis au milieu des angoisses de la mort, et tu n'as pas sa tranquillité, mais, tu dois souffrir pour les autres ! » C'est ainsi que la philosophie demande aux hommes un héroïsme que la nature leur refuse; celui qui a la vie en horreur peut-il être retenu par le peu de bien que son existence doit apporter à la société, et se condamner, par un espoir aussi douteux, à plusieurs années de souffrance. Comment pourrait-il espérer pour les autres, celui qui n'a plus ni désirs ni espérance pour soi! qui, abandonné de tous, a fini par s'abandonner lui-même? — Tu n'es pas seul malheureux, me diras-tu. — Hélas! ce n'est que trop vrai; mais ces paroles mêmes ne nous sont-elles pas dictées par cette envie secrète que nous éprouvons tous à la vue du bonheur d'autrui? la misère des autres adoucit-elle la mienne? est-il un homme assez généreux pour se charger de mes malheurs? et, en supposant encore qu'il en eût la volonté, en aurait-il le pouvoir? Il y aurait plus de courage sans doute à les supporter; mais le malheureux entraîné par un torrent, et qui a la force d'y résister sans savoir l'employer, en est-il plus méprisable pour cela?... Quel est le sage qui peut se constituer le juge de nos forces intimes, qui peut diriger le cours des passions variant selon les âges et les incalculables circontances? qui peut dire : « Tel homme est un lâche parce qu'il a succombé; tel autre est un héros, parce qu'il résiste? » Tandis que l'amour de la vie est un sentiment tellement impérieux, que le premier aura plus combattu avant que de céder, que le second ne l'aura fait pour supporter ses peines.

Mais les devoirs qu'exige de toi la société? — Les devoirs? en ai-je contracté envers elle, parce qu'elle m'a tiré du sein de la nature quand je n'avais ni la volonté d'y consentir, ni la raison de m'en défendre, ni la puissance de m'y opposer, et qu'elle m'a élevé au milieu de ses besoins et de ses préjugés?

Pardon, Lorenzo, si j'appuie avec tant de force sur des arguments que nous avons tant de fois discutés entre nous; je ne veux point te faire abandonner une opinion si éloignée de la mienne, mais seulement résoudre les doutes qui pourraient me rester encore. Tu serais aussi convaincu que moi, si, comme moi, tu sentais toutes les plaies de mon cœur. Dieu te les épargne, Lorenzo! j'ai contracté ces devoirs sans les connaître; ma vie doit-elle donc, esclave des préjugés, payer les maux dont m'accable la société, parce qu'elle les appelle des bienfaits? — Et, en fussent-ils encore,... j'en jouis et je les récompense tant que j'existe; mais, dans la tombe, je cesse d'y être exposé et d'en tirer aucun avantage. — O mon ami, chaque homme nait ennemi de la société, parce que la société est ennemie de chaque individu. Suppose un instant que tous les mortels à la fois éprouvassent ce dégoût de la vie. — Crois-tu qu'ils la supporteraient pour moi seul? Si je commets une action préjudiciable au plus grand nombre, je suis puni, tandis qu'il ne me sera jamais permis de me venger de celles de la majorité, quelque dommage qu'elles me causent. Je suis fils, prétendent-ils, de la grande famille; mais ne puis-je pas, en renonçant aux biens qu'elle me promet, me dérober aux devoirs qu'elle m'impose, me regarder comme formant à moi seul un monde entier, et me soustraire à ses lois, puisque, la première, elle a manqué aux promesses du bonheur qu'elle m'avait faites? Si, dans le partage général, je m'aperçois qu'il ne me revient pas ma portion de liberté; si les hommes s'en sont emparés parce qu'ils sont les plus forts; s'ils me punissent parce que je la redemande,... quel autre moyen de les délier de leurs promesses, et de les délivrer de mes plaintes, que de chercher dans ma tombe la tranquillité et le repos? Ah! combien les philosophes qui ont prêché les vertus humaines, la probité naturelle, la bienveillance réciproque, ont servi à leur insu la politique des tyrans, et trompé ces âmes généreuses et bouillantes qui aiment aveuglément les hommes! dans la seule espérance d'être aimées d'eux, et qui seront toujours victimes, trop tard repentantes, de leur loyale crédulité.

Combien de fois ces arguments de la raison ont-ils trouvé fermée la porte de mon cœur, parce que j'espérais encore consacrer mes malheurs à la félicité d'autrui! Mais, au nom de Dieu, Lorenzo, écoute et réponds-moi : Pourquoi est-ce que je vis?... de quelle utilité te suis-je, moi fugitif au milieu de ces montagnes? quel honneur ma vie peut-elle répandre sur moi, sur ma patrie et sur ceux qui me sont chers? quelle différence y a-t-il de ma solitude à la tombe? La mort serait pour moi le terme de mes peines, et pour vous celui de votre inquiétude sur mon sort; à tant d'angoisses et de douleurs succéderait une seule; terrible, il est vrai, mais qui serait la dernière, et qui vous ferait certain de mon éternelle tranquillité...

Je réfléchis chaque jour aux dépenses que je cause à ma mère; car je ne sais comment elle peut faire pour moi tout ce qu'elle fait, et peut-être maintenant, si je revenais chez elle, trouverais-je notre maison déchue de son ancienne splendeur, qui déjà commençait à s'obscurcir, lorsque je la quittai, par les extorsions publiques et privées qui se succédaient chaque jour.

Ne crois pas que je doute de la continuation de ses soins à mon égard; j'ai encore trouvé de l'argent à Milan; mais cette maternelle libéralité diminue encore l'aisance dans laquelle elle est née; elle n'a pas été heureuse épouse, et ses revenus seuls soutenaient notre maison, que ruinait la prodigalité de mon père; son âge me rend encore ces pensées plus amères... Ah! si elle savait que rien ne peut sauver son fils : si elle voyait les ténèbres et la consomption de mon âme. — Ne lui en parle pas, Lorenzo; mon existence est ainsi faite, que veux-tu!... Ah! si je vis encore, l'unique flamme de mes jours est une sourde espérance qui va toujours les ranimant, et que je tâche sans cesse d'éloigner de moi; car, si je veux l'approfondir, elle se change à l'instant dans un désespoir infernal. Ton mariage, Thérèse, décidera de la durée de mon existence... mais, tant que tu seras libre... notre bonheur dépend des circonstances... de l'inconstant avenir... de la mort!... jusqu'à ce moment, tu seras toujours mienne... Je te parle... je te vois... je cherche à te presser dans mes bras, comme si tu étais près de moi... et il me semble que, quoique éloignée, tu dois ressentir encore l'impression de mes baisers et de mes larmes. Mais, lorsque tu seras offerte par ton père, comme une victime de réconciliation, sur l'autel de Dieu ; lorsque tu auras acheté de tes pleurs la tranquillité de ta famille... seulement alors, pas moi!,.. mais le désespoir seul, et de lui-même, anéantira l'homme et ses passions. — Et comment, tant que j'existerai, pourrais-je éteindre mon amour, et pourrais-tu, toi-même, te défendre d'une secrète espérance!... Mais, alors, notre amour ne serait plus saint et innocent... Je n'aimerai pas, quand elle sera la femme d'un autre, la femme qui fut à moi... J'aime immensément Thérèse, mais non l'épouse d'Odouard... Ah! peut-être, au moment où je t'écris, est-elle dans son lit!... Lorenzo! Lorenzo! le voilà, ce démon persécuteur qui brûle mon sein, trouble ma raison, suspend jusqu'aux battements de mon cœur... C'est lui qui me rend si féroce que de désirer l'anéantissement du monde... Pleurez tous!... Que me veut-il?... pourquoi ce poignard qu'il me pousse dans la main?... pourquoi marche-t-il devant moi et se retourne-t-il en regardant si je le suis?... pourquoi m'indique-t-il la place où je dois frapper?... est-il envoyé par la vengeance du Ciel?... C'est ainsi que, cédant à mes fureurs et à mes superstitions, je me roule dans la poussière en invoquant, avec des cris terribles, un Dieu que je ne connais pas, qu'autrefois j'ai candidement adoré, que je n'offensais jamais, de l'existence duquel je doute toujours et que cependant je crains et que j'adore... Où trouverais-je un appui? est-ce en moi-même? est-ce dans les autres hommes?... Le soleil est noir et la terre humide de sang...

Enfin me voici tranquille!... Quelle tranquillité!... Lorenzo, c'est la stupeur de la mort... J'ai erré par ces montagnes, je n'y ai pas trouvé un abri, pas une plante, pas une chaumière; l'œil n'y rencontre que des rochers escarpés et arides... et çà et là quelques croix qui s'élèvent sur les tombes des voyageurs assassinés.

Au-dessous est le Roya, un torrent qui, à la fonte des neiges, se précipite des entrailles des Alpes et sépare ces deux monts immenses. Sur la plage est un pont qui s'étend jusqu'au sentier, et duquel la vue parcourt deux lignes de rochers, de cavernes et de précipices; à peine peut-on distinguer sur ces montagnes d'autres montagnes de neige, qui se confondent avec les nuages grisâtres arrêtés sur leurs cimes... Dans cette vallée descend et s'engouffre la Tramontane et s'avance la Méditerranée; la nature s'assied là, solitaire, menaçante, et de son royaume chasse tous les vivants.

Voilà tes frontières, ô Italie!... mais quelles barrières ne sont pas surmontées de toutes parts par l'avarice des nations? où sont tes fils? qui te manque-t-il, excepté l'union et la concorde? Alors, je répandrais glorieusement ma vie malheureuse pour toi; mais que peuvent mon bras isolé et ma voix solitaire. Où est l'ancienne terreur de ton nom? Insensés, nous allons chaque jour rappelant notre liberté et la gloire de nos aïeux, qui nous obscurcissent de leur splendeur. Tandis que nous invoquons leurs ombres magnanimes nos ennemis foulent leurs tombeaux; et peut-être un jour viendra, où, perdant l'intelligence et la parole, nous serons semblables aux esclaves domestiques des anciens, ou vendus comme de misérables nègres, et où nous verrons nos maîtres, ouvrant les sépultures, exhumer et disperser aux vents les cendres de ces géants pour anéantir jusqu'à leur mémoire. — Oui, nos souvenirs sont un motif d'orgueil, mais non pas une cause de réveil.

C'est ainsi que je m'irrite lorsque je sens grandir dans mon âme le nom italien... Je me retourne, je regarde autour de moi, je ne trouve plus ma patrie, et je me dis :

— Les hommes sans doute sont les artisans de leurs propres malheurs; mais les malheurs dérivent de l'ordre universel, et le genre humain est l'instrument orgueilleux et aveugle du destin...

Nous raisonnons sur les événements de quelques siècles; eh! que sont ces siècles dans l'espace immense des temps? Ils se sont écoulés semblables aux saisons de l'année dont les variations successives nous paraissent toujours plus étonnantes, et ne sont cependant qu'une conséquence nécessaire du grand tout. L'univers se contre-balance, et les nations se dévorent, parce que l'une ne peut s'élever sans les cadavres de l'autre. En jetant du sommet des Alpes les yeux sur ma malheureuse patrie, je pleure, je frémis, et je demande vengeance contre ses envahisseurs... mais ma voix se perd dans les plaintes encore vivantes des peuples trépassés. Lorsque les Romains rapinaient le monde, ils cherchaient au delà des mers et des déserts de nouveaux pays à dévaster, ils enchaînaient les peuples, les princes et les dieux, et, lorsque enfin ils ne savaient plus où ensanglanter leurs épées, ils les tournaient contre leurs propres entrailles. C'est ainsi que les Israélites massacrèrent les paisibles habitants de Canaan, et qu'ensuite les Babyloniens traînèrent en servitude les prêtres, les mères et les enfants du peuple de la Judée; c'est ainsi qu'Alexandre renversa l'empire de Babylone, et qu'après avoir embrasé en passant la plus grande partie de la terre, il se plaignait qu'il n'existât pas un autre univers; c'est ainsi que les Spartiates dévastèrent trois fois Messène, et chassèrent trois fois les Messéniens, qui cependant étaient Grecs comme eux, avaient la même religion qu'eux et descendaient des mêmes ancêtres qu'eux;

c'est ainsi que se déchirèrent les anciens Italiens jusqu'au moment où les Romains les assujettirent à leur fortune; et c'est ainsi que Rome, la reine du monde, devint en peu de siècles successivement la proie des Césars, des Nérons, des Constantins, des Vandales et des papes. Le ciel de l'Amérique est encore obscurci par la vapeur des bûchers humains, et le sang d'innombrables peuples qui ne connaissent même pas les Européens, transporté par l'Océan, est venu tacher d'infamie notre rivage; mais ce sang sera vengé un jour, et retombera sur la tête des fils des Européens. Toutes les nations ont leurs âges, tous les peuples sont tyrans aujourd'hui pour préparer leur servitude de demain, et ceux qui payaient auparavant le tribut l'exigeront un jour avec le fer et le feu. Le monde est une forêt peuplée de bêtes féroces : la famine, les déluges, la guerre et la peste sont des conséquences du système de la nature, et de même que la stérilité d'une année prépare l'abondance de l'année suivante! eh! qui sait? les malheurs de la terre concourent peut-être à la félicité d'un autre globe.

Cependant, nous décorons pompeusement du nom de vertu toutes les actions que commandent la sûreté de celui qui gouverne et la crainte de ceux qui obéissent. Les rois prescrivent la justice; mais pourtant ils l'imposeraient mieux si pour monter au trône ils ne l'avaient violée. Le conquérant ambitieux, qui vole des provinces entières, envoie à l'échafaud le malheureux qui, pressé par la faim, a dérobé un morceau de pain. Ainsi, lorsque la force a méprisé tous les droits d'autrui, elle essaye de tromper les autres par les apparences de la justice, afin qu'une autre force ne la détruise pas : voilà le monde, voilà les hommes. De temps en temps, quelques-uns, plus ardents, s'élèvent au-dessus de la multitude. Regardés d'abord comme des fanatiques, quelquefois punis comme des criminels, s'ils échappent à ces dangers, et qu'un bonheur, qu'ils croient fait pour eux, quoiqu'il ne soit réellement que le moteur puissant et universel des choses, les protège, alors, craints et obéis pendant leur vie, ils sont mis au rang des dieux après leur mort. Telle est l'histoire des héros, des conquérants et des fondateurs de nations, qui, portés au faîte des honneurs par leur ambition et la stupidité du vulgaire, croient devoir leur élévation à leur seule valeur, tandis qu'ils ne sont que les roues aveugles d'une horloge... Quand une révolution est mûre sur la terre, il y a nécessairement des hommes qui doivent la commencer, et de leurs corps servir de marchepied au trône de celui qui l'achève. Et parce que la race humaine n'a trouvé ici-bas ni bonheur ni justice, elle a créé des dieux protecteurs de la faiblesse, et se console de ses peines présentes par l'espoir d'une récompense à venir. Mais, dans tous les siècles, les dieux ont revêtu les armes des conquérants, et ils oppriment les peuples avec les passions, les fureurs et les ruses de ceux qui veulent régner.

Sais-tu, Lorenzo, où peut encore exister la véritable vertu? Chez nous, faibles et malheureux proscrits, chez nous qui, après avoir éprouvé toutes les erreurs et tous les maux de la vie, savons les plaindre et les secourir. Oui, la pitié est la seule vertu; toutes les autres sont des vertus usuraires.

Mais, pendant que je regarde d'en haut les folies et les malheurs de l'humanité, ne sens-je point en moi les passions et la faiblesse, les pleurs et les crimes de l'homme? N'ai-je pas une patrie à plaindre? ne me dis-je pas en pleurant :

— Tu as une mère, un ami... Tu aimes... Tu attends une foule de malheureux qui espèrent en toi... Où veux-tu fuir? Sur toute terre, la douleur, la mort, la perfidie des hommes, te poursuivront, et tu tomberas peut-être, et personne n'aura compassion de toi; et cependant, tu sentiras dans ton cœur tout le besoin de la pitié d'un ami... Abandonné de tous, ne demandes-tu pas des secours au Ciel? Le Ciel est sourd; cependant, au milieu de tes maux, tu te tournes involontairement vers lui. Va, prosterne-toi, mais aux autels domestiques!

O nature! il est donc vrai que tu as besoin de nous et que tu nous considères comme ces insectes et ces vermisseaux que nous voyons s'agiter et se reproduire sans savoir dans quel but ils ont été créés; mais, si tu as doué les hommes du fatal amour de la vie, afin qu'ils ne succombent pas sous la somme immense de leurs douleurs, et qu'ils obéissent plus sûrement à tes lois, pourquoi leur donner le présent plus funeste encore de la raison? Nous touchons de la main toutes nos calamités, et nous ignorons les moyens de les guérir.

Pourquoi donc est-ce que je fuis? Dans quelles contrées lointaines vais-je me perdre? Où trouverai-je les hommes différents des hommes? Ne sais-je pas que le malheur et l'indigence m'attendent hors de ma patrie?... Oh! non, je reviendrai vers toi, terre sacrée qui la première as entendu mes vagissements, sur laquelle j'ai reposé tant de fois mes membres fatigués, où j'ai trouvé, au sein de l'obscurité et de la paix, les seuls vrais plaisirs que j'aie jamais ressentis, et à laquelle dans ma douleur j'ai confié mes plaintes et mes larmes. Puisque tout est revêtu pour moi d'un voile de tristesse, puisque je n'ai plus d'autre espoir que la tombe, vous seules, ô mes forêts, entendrez mes derniers gémissements, et vous seules encore de vos ombres amies, couvrirez mon froid cadavre. Les malheureux compagnons de ma disgrâce pourront du moins y venir pleurer; et, s'il est vrai que nos passions nous survivent, mon ombre douloureuse trouvera quelque douceur aux soupirs de cette céleste enfant que je crus née pour moi, mais qu'ont arrachée de mes bras mon mauvais destin et les préjugés des hommes.

Alexandrie, 29 février.

De Nice, au lieu d'entrer en France, j'ai pris la route du Montferrat... Ce soir, je m'arrêterai à Plaisance; jeudi, je t'écrirai de Rimini. Alors, je te dirai adieu, Lorenzo.

Rimini, 5 mars.

Tout m'abandonne à la fois... Je venais avec anxiété pour revoir Bertola[1]; depuis longtemps, je n'avais point reçu de ses nouvelles..... Il est mort!...

Onze heures du soir.

Je le sais, Thérèse est mariée... Tu n'as point voulu me l'apprendre, pour ne pas me porter la vraie blessure. Mais le malade gémit lorsqu'il lutte contre la mort, et non lorsque celle-ci l'a vaincu... Tout est mieux ainsi... Maintenant, je suis tranquille, parfai-

---

1. Auteur de quelques poésies champêtres. (*L'Éditeur.*)

tement tranquille... Adieu, Lorenzo ; la seule chose que je regrette est mon voyage de Rome.

D'après les fragments suivants, il paraîtrait que ce fut de ce jour même qu'Ortis s'assura dans la résolution de mourir ; plusieurs autres fragments, recueillis dans ses papiers, paraissent contenir les diverses pensées qui le raffermirent encore dans son dessein ; je les mettrai sous les yeux du lecteur selon leur date :

... Le terme est arrivé : j'ai déjà, depuis longtemps, décidé quels seraient la manière et le lieu... Le jour approche ; que peut m'offrir maintenant la vie? Le temps a dévoré mes moments heureux, et je ne la connais que par le sentiment de la douleur. Voilà que l'illusion m'abandonne. Je médite sur le passé, j'interroge l'avenir, je n'y vois que le vide. Les années qui ont suivi mon enfance se sont écoulées lentes, dans les craintes, les désirs, les illusions et l'ennui ! et, si je redemande à la nature ma portion de l'héritage commun, je n'y trouve que le souvenir de quelques plaisirs qui ne sont plus, et une immensité de malheurs qui abattent d'autant plus mon courage, qu'ils m'en font craindre de plus grands encore. Si cette vie n'offre qu'une longue continuité de peines, que pouvons-nous espérer? Le néant, ou un autre monde différent de celui-ci... Je suis décidé... Je ne me hais point, je ne hais point les hommes... Je cherche seulement le repos, et la raison, que j'interroge, me répond qu'il n'existe que dans la tombe. Oh! combien de fois, plongé dans mes méditations et abattu par mes malheurs, ne fus-je pas au moment de m'abandonner au désespoir! L'idée de la mort adoucissait seule alors ma tristesse, et je souriais à l'espérance de ne plus exister.

Je suis tranquille..., parfaitement tranquille; mes illusions sont évanouies, mes désirs sont morts, l'espérance et la crainte m'ont laissé l'esprit libre; mon imagination n'est plus, comme autrefois, le jouet de fantômes tantôt gais, tantôt tristes; ma raison ne se laisse plus surprendre par de vains arguments... Tout est calme... Remords du passé, dégoût du présent, crainte de l'avenir, voilà la vie. La mort seule, à qui est confié le changement sacré des choses, donne le repos et la paix...

Il ne m'écrivit point de Ravenne; mais, par ce fragment, je vis qu'il y avait été la même semaine :

... Ce n'est point un dessein prémédité, mais réfléchi et nécessaire. Quels orages n'a point éprouvés mon cœur, avant que la mort raisonnât aussi tranquillement avec lui et lui avec elle!

Sur ton urne, ô Dante! en la serrant entre mes bras, je me suis encore affermi dans mon dessein. M'as-tu vu? — Est-ce toi, père, qui m'as inspiré tant de force de raison et de cœur, tandis qu'agenouillé et le front appuyé à tes marbres, je méditais et ton âme élevée, et ton amour, et ton ingrate patrie, et l'exil et l'indigence, et ton esprit divin? Si bien que je me suis éloigné de ton ombre plus libre et plus tranquille...

Le 13 mars, au point du jour, Ortis revint aux collines Euganéennes, et, après s'être jeté tout habillé sur son lit, expédia Michel à Venise. J'étais auprès de sa mère lorsque le messager arriva; elle l'aperçut avant moi et s'écria, avec l'accent de la crainte :

— Et mon fils?

La lettre d'Alexandrie n'était point encore arrivée, et Ortis avait fait une telle diligence, qu'il avait prévenu celle de Rimini; nous le croyions déjà en France, et voilà pourquoi l'arrivée subite et inattendue de son domestique fut le pressentiment de terribles nouvelles.

— Mon maître, nous dit-il, est à la campagne et n'a pu vous écrire, parce que, ayant voyagé toute la nuit, il dormait au moment où je montais à cheval. Je viens vous avertir que nous repartirons bientôt, je crois lui avoir entendu dire pour Rome..., oui, si je me le rappelle bien, pour Rome, puis pour Ancône, où nous devons nous embarquer. Du reste, mon maître se porte bien, et, depuis une semaine surtout, paraît beaucoup plus calme; il m'envoie vous avertir qu'il arrivera demain ou après-demain.

Michel paraissait content; mais son récit sans suite accrut encore nos soupçons, qui ne cessèrent que lorsque Ortis nous écrivit qu'étant sur le point de partir pour les îles qui appartenaient autrefois à Venise, il voulait, avant de s'éloigner peut-être pour toujours, nous embrasser encore et recevoir la bénédiction de sa mère. Ce billet s'est égaré.

Cependant, le jour de son arrivée, il se réveilla sur les quatre heures, et alla se promener du côté de l'église. Il revint bientôt et s'habilla pour se rendre chez M. T***; un domestique lui dit que, depuis six jours, ils étaient tous à Padoue, et qu'on les attendait d'un moment à l'autre. Il était presque nuit lorsqu'en revenant chez lui, il rencontra Thérèse, qui tenait par la main la petite Isabelle, et, derrière les jeunes filles, M. T*** et Odouard. Ortis frémit en les apercevant, et s'approcha d'elles avec un tremblement convulsif; à peine Thérèse l'eut-elle reconnu, qu'elle s'écria :

— Dieu éternel !

Et, se rejetant en arrière, elle s'appuya sur son père.

Pendant ce temps, Ortis les joignit. M. T*** lui serra à peine la main, et Odouard le salua froidement. Isabelle seule courut à lui, se jeta à son cou et le couvrit de baisers, l'appelant son cher Ortis; il la prit dans ses bras et les accompagna en causant à voix basse avec la petite fille. Personne autre n'ouvrit la bouche. Odouard seul lui parla pour lui demander s'il partait bientôt pour Venise.

— Dans peu de jours, répondit-il.

Au même instant, ils arrivèrent à la porte, et il prit congé d'eux.

Michel, qui n'avait point voulu s'arrêter à Venise afin de ne pas laisser son maître seul, revint à une heure du matin, et le trouva assis devant son secrétaire, occupé à mettre de l'ordre dans ses papiers; il en brûla beaucoup et en jeta d'autres sous sa table. Le jeune homme, fatigué, se coucha en recommandant au jardinier de ne point s'éloigner, attendu que, son maître n'ayant point encore dîné, il pourrait avoir besoin de lui. Le jardinier lui apporta quelque nourriture, qu'il prit sans cesser cependant l'examen de ses papiers; il ne l'acheva point, et, se levant bientôt, il se promena longtemps dans sa chambre, se mit à lire; puis, ouvrant sa fenêtre, il s'y appuya quelques instants. Il paraît qu'aussitôt après il écrivit les fragments suivants, en différentes pages, mais sur le même feuillet :

... Allons, courage! — Tiens, vois ce brasier ardent... mets-y la main, laisse-l'y brûler... Prends garde, un gémissement t'avilirait... Eh! pourquoi affecterais-je un héroïsme qui ne peut être d'aucune utilité?

La nuit est obscure et avancée, pourquoi veillai-je donc immobile sur ces livres? — que m'ont-ils appris?... A affecter la sagesse tant que les passions n'ont point maîtrisé mon âme... Les préceptes sont, comme la médecine, inutiles lorsque le mal surpasse les forces de la nature... Quelques sages se vantent d'avoir vaincu les passions qu'ils n'ont jamais eu la peine de combattre, ne les ayant jamais ressenties...

Aimable étoile du matin, tu brilles à l'orient! et tu envoies à mes yeux ton rayon, le dernier... Qui l'eût dit, il y a six mois, lorsque, rayonnante au milieu des autres planètes, tu égayais la tristesse de la nuit et que nous t'adressions nos saluts et nos vœux !

Enfin l'aurore paraît... Peut-être, en ce moment, Thérèse pense-t-elle à moi... Pensée consolatrice ; oh ! combien la certitude d'être aimé n'adoucit-elle point quelque douleur que ce soit.

Éloigne-toi, délire funeste ! voudrais-tu essayer de me séduire encore ?... Éloigne-toi, il n'est plus temps... et je me suis désillusionné moi-même, un seul parti me reste...

———

Pendant la journée, Ortis fit demander une Bible à Odouard ; celui-ci n'en avait point ; il envoya alors chez le curé, et, lorsqu'on la lui eut remise, il s'enferma. Un peu après midi, il sortit pour faire partir la lettre suivante et revint se renfermer encore :

———

14 mars.

Lorenzo, j'ai un secret qui, depuis un mois, me pèse sur le cœur... Mais l'heure du départ va sonner pour moi... et il est temps que je le dépose dans le tien.

Ton ami a continuellement un cadavre devant les yeux... J'ai fait ce que je devais... Cette famille est depuis ce jour moins pauvre, mais je n'ai pu faire revivre leur père.

Il y a dix mois à peu près que, dans un de ces moments de douleur forcenée, je m'éloignai à cheval jusqu'à la distance de dix milles. La nuit approchait, le temps était noir et promettait une tempête, mon cheval dévorait le chemin ; cependant, mes éperons l'ensanglantaient encore, et je lui laissais flotter la bride sur le cou, en souhaitant intérieurement qu'il m'abimât avec lui dans les précipices qui nous entouraient. — En entrant dans une route étroite, sombre et bordée d'arbres, je crus distinguer quelqu'un ; je repris la bride ; mon cheval s'en irrita davantage et s'emporta plus vite encore.

— Rangez-vous à gauche ! m'écriai-je, rangez-vous à gauche !

Le malheureux y courut ; mais, entendant à chaque instant se rapprocher les pas de mon cheval, il voulut essayer de passer à droite, espérant y trouver le sentier moins étroit... Dans ce moment, mon cheval l'atteignit, le renversa, et, de ses pieds de devant lui fracassant la tête, s'abattit et me jeta à dix pas de là...

Pourquoi restai-je vivant et sans blessures ?... Je courus aussitôt où j'entendais des gémissements, et je trouvai ce malheureux baigné dans une mare de sang... Je voulus le relever, il avait perdu le senti-

ment et la voix. Quelques minutes après, il expira !...
Je revins chez moi... Cette nuit fut fatale à toute la
nature ; la grêle ruina les moissons, la foudre brûla
plusieurs arbres et fracassa une petite chapelle qui
renfermait un crucifix. Je repartis bientôt et je passai la nuit errant dans ces montagnes, l'âme et les
habits ensanglantés, espérant qu'au milieu de la
destruction générale, je trouverais le châtiment de
mon crime... Quelle nuit, Lorenzo ! crois-tu que ce
terrible spectre me pardonne jamais ?

Le lendemain, — et cette aventure fit beaucoup de
bruit, — on trouva le corps de cet infortuné un demi-
mille environ plus loin, presque recouvert par un
monceau de pierres qu'avait arrêtées en cet endroit
un châtaignier déraciné, et qui y avaient été ame-
nées avec lui par les torrents de pluie qui étaient
tombés le matin ; il avait la tête et les membres brisés ; cependant, il fut reconnu par sa femme, qui le
cherchait en pleurant... On n'accusa personne ; mais
quel mal m'ont fait les bénédictions que croyait me
donner cette veuve, parce que je plaçai sa fille auprès du régisseur G..., et que j'assurai une bourse à
son fils, qui voulait se faire prêtre. Hier encore, elle
vint me remercier de nouveau en me disant que je
l'avais sauvée, elle et ses enfants, de la misère qui
pesait sur eux depuis longtemps... Ah ! sans doute
il y a bien des malheureux comme eux ; mais, du

moins, il leur reste un père, un époux qui les console par son amour et qu'ils ne changeraient pas pour toutes les richesses de la terre. — Tandis qu'eux !...

C'est donc ainsi que les hommes sont destinés à se détruire mutuellement !

Les villageois, depuis ce jour, s'écartent de ce fatal sentier, et les laboureurs, au retour des travaux, préfèrent, pour ne point y passer, traverser la prairie... On dit que, la nuit, on y entend des plaintes; que l'oiseau de mauvais augure, s'arrêtant sur les arbres qui l'entourent, hurle trois fois à minuit, et que, l'autre soir, on y a vu un fantôme... Je n'ai pas le courage de les détromper ni de rire de tels prestiges... Mais je révélerai tout à ma mort... Le voyage est terrible et mon salut incertain ; je ne veux pas partir avec ce remords... Que cette veuve et ces deux enfants soient sacrés dans ma maison... Adieu.

Quelques jours après, on trouva entre les feuillets de la Bible une traduction pleine de ratures et presque illisible de quelques versets du livre de Job, du second chapitre de l'Ecclésiaste, et de tout un cantique d'Ézéchiel.

Sur les quatre heures de l'après-midi, Ortis alla

chez T***. On avait déjà fini de dîner, et Thérèse était descendue au jardin : son père le reçut avec affabilité ; Odouard alla s'asseoir près du balcon, et se mit à lire ; quelque temps après, il posa le livre qu'il tenait, en ouvrit un autre, et sortit en lisant. Alors, Ortis prit le premier livre qu'avait laissé Odouard : c'était le quatrième volume des tragédies d'Alfieri ; il retourna quelques feuillets, puis tout à coup lut d'une voix forte les vers suivants :

> Qui m'ose ici parler, et d'air pur et tranquille ?...
> Quels ténèbres, grands dieux ! environnent mes pas !...
> C'est la nuit du tombeau, c'est l'ombre du trépas !
> Voyez-vous du soleil s'obscurcir la lumière ?
> Un nuage sanglant le dérobe à la terre ;
> Entendez-vous les cris des sinistres oiseaux
> Se mêler aux accents des esprits infernaux ?
> Tout vient frapper mes sens d'un funeste présage,
> Des larmes, malgré moi, coulent sur mon visage...
> Mais quoi ! mais vous aussi, vous répandez des pleurs !

Le père de Thérèse le regarda en murmurant ces mots :

— O mon fils !

Ortis continua à lire bas, ouvrit le même volume au hasard ; puis, le posant bientôt, s'écria :

> Vous n'avez point encore éprouvé mon courage,
> Vous ne connaissez pas ce que peut ma fureur...
> Elle doit égaler mes maux et ma douleur.

Odouard, qui rentrait en ce moment, entendit ces vers, et, étonné de l'accent avec lequel ils avaient été prononcés, s'arrêta tout pensif sur le seuil de la porte. M. T*** me disait, depuis, qu'à ce moment il avait cru lire la mort sur le visage de notre malheureux ami, et que, pendant le reste de la journée, ses moindres paroles lui avaient inspiré la pitié et un sentiment de respect religieux. Bientôt la conversation tomba sur son voyage ; Odouard lui demanda s'il devait être bien long.

— Oh ! oui, répondit Ortis avec un sourire amer; si long, que je suis certain que nous ne nous reverrons jamais.

— Nous ne nous reverrons plus ! dit M. T*** d'une voix triste.

Alors, Ortis, pour le rassurer, le regarda d'un visage riant et tranquille; il lui cita en souriant ce passage de Pétrarque :

> . . . . Je ne sais, mais je croi
> Que vous devez rester bien longtemps après moi.

Il revint sur le soir chez lui, se renferma, et resta dans sa chambre jusqu'au lendemain, assez tard. — Voici quelques fragments que je crois de cette nuit, quoique je ne puisse dire à quelle heure ils ont été écrits :

... Bassesse !... et toi, qui m'accuses de bassesse, n'es-tu pas un de ces mortels apathiques qui regardent leurs chaînes sans oser pleurer sur elles, et qui baisent en rampant la main qui les fouette ? Qu'est l'homme ?... La force n'a-t-elle pas toujours été la dominatrice de l'univers, parce que tout, dans l'univers, est faiblesse et lâcheté ?

Tu m'accuses de bassesse !... et tu vends ta conscience et ton bonheur.

Viens me voir luttant contre la mort et baigné dans mon sang; tu trembles ! — Qui de nous deux est lâche ? Arrache ce poignard de mon cœur, et dis, en le plongeant dans le tien : « Dois-je vivre éternellement malheureux ? » Dernière douleur, forte, courte et généreuse... Qui sait si le destin ne te prépare pas une mort plus douloureuse et plus infâme ! Avoue donc maintenant que, lorsque tu tiens la pointe de cette arme sur ta poitrine, tu te crois capable des plus grandes entreprises, et tu te sens le maître de tes tyrans...

Minuit.

Je contemple la campagne... La nuit est sereine et tranquille, et la lune se lève derrière la montagne. O lune ! lune amie ! peut-être, en ce moment, laisses-tu tomber sur le visage de Thérèse un de ces rayons sympathiques semblable à celui que tu répands dans mon âme. J'ai toujours salué tes premiers feux lorsque tu venais consoler la muette solitude de la terre. Souvent, en sortant de la demeure de Thérèse, je te confiai mes espérances, et tu vis mon délire... Que de fois mes yeux, mouillés de larmes, t'ont suivie au sein des nuages qui te cachaient! que de fois ils t'ont cherchée pendant les nuits veuves de ta clarté!... Tu reparaîtras, tu reparaîtras toujours plus belle... Mais le corps de ton ami, solitaire et mutilé, tombera bientôt pour ne se relever jamais... Exauce, je t'en supplie, ma dernière prière; lorsque Thérèse me cherchera parmi les pins et les cyprès de la colline, jette un dernier rayon sur la pierre qui recouvrira mon tombeau.

Belle aube! il y a longtemps que je n'avais dormi d'un sommeil aussi tranquille, et qu'en m'éveillant je ne t'avais vue aussi sereine... Mais, alors, mes yeux étaient plongés dans les larmes, mes sentiments dans l'obscurité, et mon âme dans la douleur.

Tu brilles, tu brilles, ô nature! et tu consoles les chagrins mortels... Hélas! tu ne brilleras plus pour moi. Je t'ai admirée dans ta splendeur; je me suis nourri de ta joie, parce qu'alors tu me paraissais belle et bienfaisante, et qu'avec une voix divine tu me disais : « Vis! » Mais, depuis, dans mon désespoir, je t'ai revue les mains ensanglantées!... les fleurs de ta couronne se sont changées pour moi en plantes vénéneuses... tes fruits m'ont semblé amers... et tu m'as apparu dévoratrice de tes enfants, que tu trompais par tes promesses et ta beauté, pour les mieux conduire ensuite vers l'infortune et la douleur.

Serai-je ingrat envers toi? Vivrai-je pour te voir chaque jour plus terrible et te blasphémer encore? Non... non, en renonçant à la lumière, je ne fais que prévenir tes lois... Je ne t'abandonne pas, et tu ne me quittes point. Maintenant, je te regarde et je soupire, mais seulement au souvenir de mon bonheur passé, à la certitude de ne plus te craindre, et parce que je suis au moment de te perdre pour toujours.

Je ne crois pas être rebelle à tes lois en fuyant la vie. L'existence et la mort sont deux de tes lois : un seul chemin conduit à la vie, mille à la mort... Je ne puis t'accuser de mes maux, il est vrai; mais j'en accuse mes passions, qui ont les mêmes effets et la même source, parce qu'elles dérivent de toi, et qu'elles n'auraient pu m'abattre, si tu ne leur en avais donné la force... Tu n'as point fixé la durée de l'âge des hommes; tous doivent naître, vivre et mourir, voilà tes lois; que t'importe le temps et la manière!...

Ma mort ne te dérobera rien de ce que tu m'as

donné... Mon corps, cette infiniment petite partie du grand tout, se réunira toujours à toi sous une autre forme... Mon âme, ou mourra avec moi... et se modifiera alors dans la masse immense des choses... ou sera immortelle, et son essence divine restera intacte... Ma raison ne se laisse plus séduire par des sophismes; n'entends-je pas la voix sacrée de la nature, qui me dit : « Je t'ai créé afin que, par ton bonheur, tu concourusses au bonheur universel, et, pour y parvenir plus sûrement, je t'ai donné l'amour de la vie et l'horreur de la mort; mais, si la somme des peines surpasse en toi celle de la félicité, si les chemins que je t'ai ouverts pour finir tes maux ne doivent, au contraire, te conduire qu'à de nouvelles douleurs, qui t'oblige alors à la reconnaissance, puisque la vie, que je t'aurai donnée comme un bienfait, se sera pour toi convertie en douleurs?

Insensé! Quelle présomption!... je me crois nécessaire... Mes années sont un atome imperceptible dans l'espace incirconscrit des temps... Les fleuves de l'Italie roulent au milieu de leurs flots ensanglantés et fumants des milliers de cadavres sacrifiés à mille perches de terrain et à un demi-siècle de renommée, que deux conquérants se disputent au prix de l'existence des peuples... et je craindrais de consacrer à moi seul le peu de jours qui me restent, et qui peut-être bientôt me seront arrachés par les persécutions des hommes ou souillés par le crime !...

J'ai cherché avec un soin religieux tout ce qu'avait écrit mon ami dans les derniers temps de sa vie, et je dirai avec la même exactitude tout ce que j'ai pu savoir de ses actions. Cependant, je ne puis faire connaître au lecteur que ce qui a été vu par moi ou par des personnes auxquelles je pouvais ajouter foi ; c'est pourquoi je ne sais ce qu'il devint pendant les journées des 16, 17 et 18 mars. Il alla plusieurs fois chez M. T***, mais sans s'y arrêter jamais. Il sortait tous les jours avant le soleil, rentrait tard, soupait sans dire un mot, et Michel m'assura qu'il dormait d'un sommeil assez tranquille.

La lettre suivante n'a point de date, mais fut écrite dans la journée du 19 :

Tout me délaisse, tout me fuit ; Thérèse elle-même m'abandonne, et Odouard ne la quitte pas un seul instant. Que je la voie une fois encore, et je pars... Je l'aurais même déjà fait si j'avais pu baigner une dernière fois sa main de mes larmes. Quelle tristesse règne dans cette malheureuse famille !... Quand je monte, je crains de rencontrer Odouard. Lorsqu'il me parle, il ne me nomme jamais Thérèse... Pourquoi n'est-il pas toujours aussi discret? pourquoi ne cesse-t-il de me demander quand et comment je partirai?... Tout à l'heure encore, il me répétait cette question... Je me suis éloigné tout à coup de lui, et je l'ai fui en frémissant : je l'avais vu sourire...

Je suis donc obligé de revenir à cette affreuse vérité, dont l'idée seule me faisait frissonner autrefois, et que depuis je me suis habitué à méditer et à entendre avec tranquillité ; « Tous les hommes sont ennemis. » Ah! si tu pouvais faire le procès des cœurs de ceux qui passent devant toi, tu les verrais continuellement occupés à faire autour d'eux le moulinet avec une épée pour éloigner les autres de leurs biens... et pour s'emparer du bien des autres.

P.-S. — Je reviens de chez cette vieille femme de laquelle je t'ai déjà parlé dans une de mes lettres. La malheureuse vit encore, mais seule, mais oubliée quelquefois pendant des journées entières par ceux qui se lassent de la secourir; la malheureuse vit encore ; mais, depuis plusieurs mois, ses facultés luttent continuellement contre les horreurs et l'agonie de la mort.

Les fragments suivants sont peut-être écrits dans la même nuit, et semblent les derniers :

———

Arrachons le masque au fantôme qui voudrait nous effrayer... N'ai-je pas vu des enfants frémir et se cacher à l'aspect inattendu de leur nourrice?... O mort! je te regarde... et je t'interroge... Ce ne sont point les choses, ce sont les apparences qui nous épouvantent... Une infinité d'hommes, qui n'oseraient t'appeler, t'affrontent cependant avec courage... Tu es un élément nécessaire de la nature, tu ne m'inspires plus d'horreur... et je ne vois en toi que le repos du soir... que le sommeil qui suit les travaux...

Voyez cette roche stérile et escarpée, qui intercepte à la vallée qu'elle domine les rayons fécondateurs du soleil... elle est comme moi... Si la nature me créa pour concourir à la félicité d'autrui, loin de remplir son but, je le trouble... Si je dois d'un autre côté épuiser la part de calamités réservée à tout homme, j'ai, en vingt-quatre ans, vidé une coupe d'infortunes qui aurait pu suffire à la vie la plus longue... Et l'espérance! suis-je assez certain de l'avenir pour lui confier mes jours?... L'espérance! eh! n'est-ce pas elle qui, en caressant nos passions, éternise les malheurs des hommes!

Le temps s'envole, et avec lui j'ai perdu dans la douleur cette partie de mon existence, que deux mois auparavant, mon imagination me représentait parée des couleurs les plus riantes... Cette plaie invétérée est maintenant devenue de mon essence : je la sens dans mon cœur, dans ma tête, dans tout moi, et le sang en découle goutte à goutte, comme si elle venait de se rouvrir de nouveau... Oh! assez, assez, Thérèse! Ne te semble-t-il pas voir en moi un malheureux que le destin entraîne à pas lents vers la tombe, au milieu des tourments et du désespoir, et qui n'a point le courage de prévenir par un seul coup son misérable destin ?

J'essaye la pointe de ce poignard : je le serre, je le regarde... et je souris. — Là, là, dans ce cœur qui palpite, je l'enfoncerai tout entier... Ce fer est toujours devant mes yeux. Qui ose t'aimer? qui ose t'enlever à moi? — Fuis-moi donc, et qu'Odouard surtout ne m'approche point !

A chaque instant, et par un mouvement d'effroi involontaire, je frotte mes mains pour en effacer la tache de l'homicide, et je les flaire comme si elles étaient rouges et fumantes encore... Il est temps que je me sauve du danger de vivre un jour de plus... un seul jour — un seul moment... Malheureux, tu n'as déjà que trop vécu !

26 mars au soir.

Lorenzo, ce dernier coup m'a presque ravi ma fermeté... Néanmoins, ce qui est décidé est décidé... Dieu, qui voit au plus profond de mon cœur, peut seul voir que c'est aujourd'hui plus qu'un sacrifice de sang...

Thérèse était avec sa sœur, et, en m'apercevant, avait essayé de me fuir. Bientôt elle s'arrêta, et Isabelle, tout affligée, s'assit sur ses genoux...

— Thérèse, lui dis-je en m'approchant d'elle et en lui prenant la main.

Elle me regarda, et Isabelle, se jetant à son cou, lui dit tout bas :

— Ortis ne m'aime plus...

Je l'entendis.

— Oh! si, je t'aime, lui répondis-je en me baissant vers elle et en l'embrassant. Je t'aime bien tendrement; mais je ne crois plus te revoir...

O mon frère! Thérèse me regardait épouvantée, en pleurant, serrait Isabelle contre son sein, et tenait ses yeux fixés sur moi.

— Tu vas nous quitter, me dit-elle; mais cette enfant sera la compagne de mes jours et la consolation de mes douleurs; je lui parlerai de son ami, de mon ami, et elle apprendra de moi à te pleurer et à te bénir...

Et, à ces dernières paroles, son âme me paraissait raffermie par quelque espérance; des ruisseaux de larmes s'échappaient de ses yeux, et je t'écris, les mains chaudes encore de ses pleurs.

— Adieu, continua-t-elle, mais non éternellement, non! Adieu, mais non pas pour toujours, n'est-ce pas? non pas pour toujours. Le moment de tenir ma promesse est arrivé, et je l'accomplis : prends ce portrait encore mouillé de mes larmes et de celles de ma mère; éloigne-toi, et n'oublie jamais l'infortunée Thérèse...

Et ses mains l'attachaient à mon cou et le cachaient sur mon cœur...

Je lui pris le bras, je l'attirai vers moi... Ses soupirs rafraîchissaient mes lèvres enflammées, et déjà ma bouche... Tout à coup, une pâleur mortelle se répandit sur son visage, sa main devint froide et tremblante...

— Aie pitié de moi ! me dit-elle d'une voix entrecoupée.

Et elle se laissa tomber sur un sofa en pressant sur son cœur la petite Isabelle, qui pleurait avec nous. Dans ce moment, son père rentra, et peut-être que notre état affreux éveilla ses remords.

Ortis revint ce soir-là tellement consterné, que Michel soupçonna qu'il lui était arrivé quelque aventure fâcheuse. Il reprit l'examen de ses papiers, qu'il faisait brûler sans les lire. Quelque temps avant la Révolution, il avait écrit, dans un style mâle et antique, des commentaires sur le gouvernement vénitien, avec cette épigraphe empruntée à Lucain : *Jusque datum sceleri*. Un soir de l'année précédente, il avait lu à Thérèse l'*Histoire de Laurette*, et elle me dit que les fragments qu'il m'avait envoyés dans la lettre du 29 avril n'étaient pas le commencement de cette histoire, mais des pensées éparses dans tout l'ouvrage qu'il avait achevé depuis. Il le brûla alors avec beaucoup d'autres de ses papiers. Ortis lisait très-peu de livres, pensait beaucoup, et, se rejetant quelquefois tout à coup du fracas du monde dans le calme de la solitude, ressentait vivement alors le besoin d'écrire. Il ne me reste de lui qu'un Plutarque rempli de notes, différents cahiers où sont quelques discours, et, entre autres, un assez long sur la mort de Nicias, et un Tacite, dont il avait traduit beaucoup de fragments, parmi lesquels se trouvaient en entier le deuxième livre des *Annales*, ainsi qu'une grande partie du second de l'*Histoire*, recopiés dans les marges, en très-petits caractères, et dont la traduction était faite avec le plus grand soin. Ceux que je rapporte ici ont été trouvés parmi les papiers qu'il avait jetés sous sa table.

Quant au passage suivant, je ne sais s'il est de lui ou de quelque autre quant aux idées; pour le style, il est tout à lui : il avait été écrit sur la couverture du livre des *Maximes* de Marc-Aurèle, sous la date du 3 mars 1794, puis recopié par lui sur la marge du Tacite, sous la date du 1er janvier 1797, et près de celle-ci la date du 20 mars 1799, cinq jours avant qu'il mourût. Le voici :

« Je ne sais ni pourquoi ni comment je suis venu au monde, ni ce qu'est le monde, ni ce que je suis moi-même; et, si je cours pour le savoir, je reviens confus d'une ignorance toujours plus effrayante. — Je ne sais ce qu'est mon corps, ce que sont mes sens, ce qu'est mon âme. — Je ne sais quelle partie de moi pense ce que j'écris, et médite sur tout et sur moi-même sans pouvoir se connaître jamais. — Enfin je tente de mesurer avec la pensée les immenses étendues de l'univers qui m'environne. Je me trouve comme attaché à l'angle d'un espace incompréhensible, sans savoir pourquoi je suis attaché là plutôt qu'ailleurs; et pourquoi ce court moment de mon existence appartient-il plutôt à cette heure de l'éternité qu'à celle qui l'a précédée ou qui doit la suivre? — Enfin je ne vois de tout côté que l'infini, qui m'absorbe comme un atome. »

A onze heures, il renvoya Michel et le jardinier. Il paraît probable qu'il veilla toute la nuit et écrivit la lettre précédente ; car, au point du jour, il alla tout habillé réveiller le jeune homme, en lui ordonnant de chercher un messager pour Venise. Bientôt il se jeta sur son lit, mais y resta peu de temps, puisque, sur les huit heures du matin, il fut rencontré par un villageois sur le chemin d'Arqua.

A midi, Michel entra pour l'avertir que le messager était prêt, et il le trouva assis, immobile, et enseveli dans les réflexions les plus profondes. Au bruit qu'il fit en entrant, son maître se leva, s'approcha de la table, et écrivit sans s'asseoir, au-dessous de la même lettre, et en caractères à peine lisibles :

« Mes lèvres sont brûlantes, ma poitrine est oppressée... J'éprouve une amertume... un serrement... Je puis à peine respirer... Je ne sais quelle main s'appesantit sur mon cœur.

» Que puis-je te dire, Lorenzo ? je suis homme.

» O mon Dieu ! mon Dieu ! accorde-moi le secours des larmes. »

Il cacheta cette lettre, qu'il envoya sans adresse ; regarda longtemps le ciel, s'assit, croisa les bras sur son secrétaire, et y posa le front. Plusieurs fois, son domestique lui demanda s'il avait besoin d'autre chose ; mais, sans se déranger, il lui fit signe que non, et, le même jour, il commença la lettre suivante pour Thérèse :

Mercredi, cinq heures.

Résigne-toi aux volontés du ciel, et cherche ton bonheur dans la paix domestique et dans la concorde, avec l'époux que t'a choisi le destin. Tu as un père infortuné et généreux ; tu dois le réunir à ta mère, qui, solitaire et affligée, attend de toi la fin de ses maux... Tu dois ta vie à ta réputation ; moi seul, en mourant, trouverai le repos et l'assurerai à ta famille. — Mais toi, pauvre infortunée !...

Oh ! que de lettres j'ai commencées pour toi sans pouvoir les finir... Grand Dieu ! tu ne m'abandonnes pas dans mes derniers moments, et cette constance est le plus grand de tes bienfaits... Oui, Thérèse, je mourrai, lorsque j'aurai reçu la bénédiction de ma mère et les derniers embrassements de mon ami... C'est lui qui remettra à ton père les lettres que tu m'as écrites ; tu lui donneras aussi les miennes, elles lui prouveront ta vertu et la pureté de notre amour. Non, mon amie, non, tu n'es point la cause de ma mort. Toutes mes espérances trompées... les infortunes des personnes les plus chères à mon cœur... les crimes des hommes, la certitude de notre perpétuel esclavage, l'opprobre de ma patrie vendue, — tout cela étoit écrit depuis longtemps ; et toi, cœur d'ange, tu pouvais adoucir mon sort, mais le désarmer... jamais... J'ai vu un instant en toi un dédommagement des maux de cette vie, j'ai osé espérer... Bientôt, entraînée par une force irrésistible, tu m'as aimé, — tu m'as aimé et tu m'aimes... et aujourd'hui je te perds !... voilà que j'appelle la mort à mon aide... Prie ton père de se souvenir quelquefois de moi, non pour s'affliger, mais afin qu'en sa compassion il adoucisse ta douleur, et qu'il se rappelle toujours qu'il lui reste une seconde fille.

Mais, toi, Thérèse, toi, ma seule amie, aurais-tu le courage de m'oublier? Relis toujours ces dernières paroles, que je t'écris pour ainsi dire avec le sang de mon cœur. Mon souvenir te préservera peut-être des malheurs du vice; ta beauté, ta jeunesse, la splendeur de ta fortune, t'exposeront à chaque instant à souiller cette innocence à laquelle tu as sacrifié ta première et ta plus chère passion, — cette innocence qui, dans tous les temps, adoucit tes infortunes. Toutes les séductions du monde t'environneront pour te perdre, pour te ravir ta propre estime, et te confondre dans la foule de ces femmes qui, dépouillant toute pudeur, trafiquent de l'amour et de l'amitié, et traînent comme en triomphe les victimes de leur perfidie... Mais non, Thérèse, la vertu brille sur ton visage... et tu sais, ô mon amie, que je t'ai toujours adorée et respectée comme une chose sainte, ô divine image de mon amie, précieux et dernier don de l'amour. Oh! je puise dans ta vue une nouvelle force, et tu me racontes l'histoire de notre bonheur... Lorsque je te vis pour la première fois, tu faisais ce portrait, Thérèse; ces jours, les plus beaux de ma vie, se représentent à mon esprit et repassent un à un devant ma mémoire... Tu l'as sanctifié en l'attachant, baigné de tes pleurs, sur mon sein, et, ainsi attaché, il descendra avec moi dans la tombe... Te rappelles-tu les larmes avec lesquelles je l'ai reçu? J'en verse encore, et elles soulagent mon cœur oppressé... Oui, Thérèse, si notre âme nous survit après le moment suprême, je te la garderai à toi seule, et mon amour vivra éternel comme elle! Daigne écouter seulement ma dernière, mon unique, ma plus sainte prière, je t'en conjure au nom de notre amour, par les larmes que nous avons répandues, par ta religion pour ceux qui t'ont mise au monde, et à qui tu te sacrifies, victime volontaire... Ne laisse pas sans consolation ma pauvre mère, qui peut-être viendra pleurer avec toi dans cette solitude, et y chercher un asile contre les tempêtes de la vie... Toi seule es digne de la consoler et de la plaindre. Qui lui restera si tu l'abandonnes?

et, dans sa douleur, ses peines de vieillesse, rappelle-toi toujours qu'elle m'a donné la vie.

A minuit et demi, Ortis partit par la poste des collines Euganéennes, et arriva sur les bords de la mer à huit heures du matin ; il prit alors une gondole qui le conduisit jusqu'à Venise.

En arrivant chez lui, je le trouvai endormi sur un sofa ; lorsqu'il fut réveillé, il me chargea de plusieurs affaires, qu'il me pria d'expédier le plus tôt possible, ainsi que de payer à un libraire quelque argent qu'il lui devait depuis longtemps.

— Je ne puis, me dit-il, m'arrêter ici que pendant la journée.

Quoique je ne l'eusse point vu depuis deux ans, il ne me parut pas d'abord aussi changé que je m'y attendais ; mais bientôt je m'aperçus qu'il marchait avec peine, et que sa voix, autrefois mâle et élevée, paraissait maintenant oppressée et faible. Il s'efforçait cependant de parler et de répondre à sa mère, qui l'interrogeait sur son voyage, et souvent un sourire mélancolique, qui n'appartenait qu'à lui, venait errer sur ses lèvres ; mais je remarquai qu'il avait un air réservé que jamais je ne lui avais vu jusqu'alors. Comme je lui disais que quelques-uns de ses amis avaient l'intention de venir le voir, il me répondit qu'il ne voulait être dérangé par personne et, alla lui-même ordonner à la porte de dire qu'il n'était point arrivé.

J'avais envie, continua-t-il en rentrant, de t'épargner, ainsi qu'à ma mère, la douleur des derniers adieux, mais j'avais besoin de vous revoir, et, crois-moi, cette épreuve est la plus forte à laquelle le sort ait encore soumis mon courage.

Quelques heures avant la nuit, il se leva comme s'il voulait partir, mais sans avoir la force de nous adresser un seul mot. Sa mère alors s'approcha de lui.

— Mon cher enfant, lui dit-elle, c'est donc résolu ?

— Oui, répondit-il en retenant à peine ses pleurs et en la serrant dans ses bras.

— Qui sait si je te reverrai ? reprit-elle. Je suis malade et âgée.

— Console-toi, ma mère; oui, nous nous reverrons... et pour ne plus nous quitter jamais. Mais, maintenant, demande à Lorenzo si je puis rester plus longtemps ici...

Elle se tourna vers moi, ses yeux m'interrogeaient avec inquiétude.

— Ce n'est que trop vrai, lui dis-je.

Et je lui rappelai les persécutions que la guerre

rendait de jour en jour plus terribles, le péril que je courais moi-même depuis que mes lettres avaient été interceptées (et mes soupçons n'étaient que trop fondés, puisque, deux mois après, je fus forcé de m'expatrier).

Alors, elle s'écria :

— Vis, mon fils, vis, quoique loin de moi. Depuis la mort de ton père, je n'ai point goûté un seul instant de bonheur ; j'espérais du moins passer auprès de toi ma vieillesse... Mais la volonté de Dieu soit faite !... éloigne-toi. J'aime mieux pleurer ton absence que ta prison ou ta mort...

Ses sanglots l'interrompirent.

Ortis lui serra la main, la regarda quelque temps avec tendresse, comme s'il voulait lui confier un secret ; mais bientôt il se remit, et, se jetant à ses genoux, lui demanda sa bénédiction. Alors, elle leva les mains au ciel ; puis, les abaissant sur sa tête :

— Je te bénis, lui dit-elle, ô mon fils ! je te bénis, et que le Tout-Puissant te bénisse de même !

Ils s'approchèrent alors de l'escalier, s'embrassèrent encore, et cette mère infortunée appuya longtemps sa tête sur le sein de son fils.

Ils descendirent ainsi dans les bras l'un de l'autre. Je les suivis. Ortis posa encore une fois ses lèvres sur la main de sa mère, qui le bénit de nouveau. En se relevant, il se rejeta dans ses bras ; je le pressai longtemps dans les miens ; il me promit de m'écrire, et me quitta en me disant :

— Lorenzo, souviens-toi toujours de notre ancienne amitié.

Se retournant ensuite vers sa mère, il la regarda sans pouvoir lui parler, s'éloigna, après quelques pas, se retourna encore, et nous jeta un regard triste et douloureux, comme pour nous dire que nous le voyions pour la dernière fois.

Sa mère s'arrêta sur le seuil de la porte, espérant qu'il reviendrait l'embrasser encore ; mais bientôt, tournant ses yeux mouillés de larmes vers la place où nous avions reçu ses adieux, elle s'appuya sur mon bras et rentra en me disant :

— Lorenzo, si j'en crois mon cœur, nous ne devons plus le revoir.

Un vieux prêtre, qui, chaque jour, venait chez Ortis et qui, autrefois, avait été son maître de grec, nous dit, le même soir, qu'en nous quittant, notre ami avait dirigé ses pas vers l'église où était enterrée Laurette. La porte en était fermée ; il voulut se la faire ouvrir par le sonneur ; et, comme celui-ci n'en avait pas les clefs, il envoya un jeune garçon les chercher chez le sacristain. En l'attendant, il s'assit, se leva presque aussitôt, alla appuyer sa tête contre la porte de l'église ; mais, ayant entendu les pas et la voix de plusieurs personnes, il s'éloigna.

Le vieux prêtre tenait ces détails de la bouche même du sonneur. Nous sûmes, quelque temps après, qu'il avait été le même soir chez la mère de Laurette.

— Il était très-triste, me dit-elle ; mais il ne me parla point de ma fille. De mon côté, j'évitai de prononcer son nom pour ne point accroître ses peines. En descendant l'escalier, il s'arrêta : « Allez, me dit-il, aussitôt que vous le pourrez, chez ma mère... Elle aura bientôt besoin de consolations. » Et, en effet, sa mère fut, pendant toute cette soirée, atteinte du plus terrible pressentiment.

Me trouvant le dernier automne aux monts Euganéens, j'avais lu chez M. T*** quelques fragments d'une lettre où Ortis tournait toutes ses pensées vers sa solitude paternelle. Thérèse alors faisait à la chambre obscure la perspective des Cinq-Fontaines, et elle avait mis dans un coin notre ami, couché sur l'herbe et regardant le coucher du soleil. Elle demanda un vers pour lui servir d'épigraphe, et, alors, son père lui donna celui-ci :

Liberta va cercando, ch'e si cara.

Elle fit ensuite don de ce petit tableau à la mère d'Ortis, lui recommandant de ne pas dire d'où il venait; il ne l'avait donc jamais su; mais, le jour qu'il passa à Venise, il revit le tableau, et se douta qui l'avait fait; il n'en ouvrit pas la bouche, mais, resté seul dans la chambre, il prit le dessin, et, au-dessous du vers servant d'épigraphe, écrivit celui qui vient après :

Come sa chi pu lei vita rifiuta.

Et, sous le cristal, dans la cannelure intérieure du cadre, il trouva une longue tresse de cheveux que Thérèse, quelques jours avant son mariage, s'était coupée sans que personne le sût, et avait mise dans cette cannelure, de manière à la cacher à tous les yeux. Alors, à ces cheveux, Ortis joignit une boucle des siens, les noua ensemble avec un ruban noir qu'il portait attaché à sa montre, et remit le cadre à sa place; quelques heures après, sa mère vit le vers ajouté, s'aperçut de la tresse double et du nœud noir, qu'il n'avait pu, à cause de son volume, cacher aussi bien que l'avait fait Thérèse; le jour suivant, elle m'en parla, et je vis combien cet accident avait abattu le courage avec lequel elle avait soutenu le départ de son fils.

Cependant, pour la tranquilliser, je résolus de l'accompagner jusqu'à Ancône, lui promettant de lui écrire chaque jour. Pendant ce temps, il était arrivé à Padoue, et s'était rendu chez M. C***, où il passa la nuit; le lendemain, celui-ci lui offrit des lettres de recommandation pour quelques gentilshommes qui autrefois avaient été ses écoliers. Ortis partit sans avoir rien accepté ni refusé, revint à pied aux collines Euganéennes et se mit aussitôt à écrire :

Vendredi, une heure.

Et toi, mon cher Lorenzo, toi, mon unique et fidèle ami, me pardonneras-tu? Je te recommande ma mère, je sais qu'elle trouvera en toi un second fils... Mais, ô ma mère, tu n'auras plus celui sur le sein duquel tu espérais reposer tes cheveux blancs! tu ne pourras réchauffer mes lèvres mourantes par tes baisers!... et peut-être même me suivras-tu!... Je balançais, Lorenzo...

— Voilà donc, me disais-je, la récompense de vingt-quatre années d'espérances et de soins!...

Mais le sort en est jeté; Dieu qui l'ordonne ainsi ne l'abandonnera point... ni toi non plus...

Lorenzo, tant que je n'ai désiré qu'un ami sincère, j'ai vécu heureux. Dieu t'en récompense! mais tu ne t'attendais pas que je te payerais... avec des larmes... Tu ne proféreras pas sur ma tombe ce cruel blasphème, que *celui qui veut mourir n'aime per-*

sonne. Que n'ai-je point tenté? que n'ai-je point fait? que n'ai-je point dit à Dieu? Ah! ma vie est tout entière dans mes passions... Console-toi donc, ma vie désormais serait plus pénible pour toi que ma mort...

Mais adieu; rassemble mes livres et conserve-les en mémoire de ton ami; recueille Michel, à qui je laisse ma montre, le peu de gages qui lui sont dus, et tout l'argent qu'il y aura dans le tiroir de mon secrétaire : viens l'ouvrir seul, tu y trouveras une lettre pour Thérèse; je compte sur toi pour la lui remettre secrètement... Adieu, mon ami, adieu!

———

Ortis alors continua la lettre qu'il avait commencée pour Thérèse :

———

... Je reviens à toi, ma bien-aimée; si, pendant que je vivais, c'était une faute pour toi que de m'entendre, maintenant écoute-moi pendant ce peu d'heures qui me séparent de la tombe; je les ai réservées pour toi et je les consacre à toi seule. Lorsque cette lettre te parviendra, je serai mort, et, de ce moment, tous peut-être commenceront à m'oublier, jusqu'à ce que personne ne se rappelle plus même mon nom... Écoute-moi donc ainsi qu'une voix qui vient du sépulcre... Tu pleureras sur mes jours évanouis comme une vision nocturne, tu pleureras sur notre amour, qui fut inutile et triste comme les lampes qui éclairent la bière des morts; oui, Thérèse, mes peines devaient finir ainsi, et ma main a cessé de trembler en touchant le fer libérateur. J'abandonne la vie tandis que tu m'aimes, tandis que je suis encore digne de toi, digne de tes larmes, tandis que je puis encore me sacrifier à moi seul et à ta vertu. Alors, ton amour cessera d'être coupable, et j'ose te le demander, l'exiger même en récompense de mes malheurs, de mon amour et de mon terrible sacrifice. Oh ! malheureux ! malheureux que je serais si tu passais un jour près du tombeau où je dormirai sans y jeter un coup d'œil; oh! malheureux! si je laissais derrière moi l'éternel oubli, même dans ton cœur!...

Tu crois que je m'éloigne, moi! tu crois que je pourrais t'abandonner à des combats toujours renaissants et à un désespoir éternel, et que, tandis que tu m'aimes, que je t'aimerai, que je sens que je t'aimerai toujours, je pourrais me laisser séduire par l'espérance frivole que notre passion peut s'éteindre avant nos jours?... Non, la mort seule, la mort!... depuis longtemps, je creuse mon tombeau... et je me suis habitué à le regarder froidement et à le mesurer avec tranquillité; toi-même, tu me fuyais, je n'ai pu mêler mes larmes aux tiennes... et tu ne t'es pas aperçue que, dans mon calme sombre, je venais te voir pour la dernière fois, et te demander un éternel adieu...

Si le père des hommes m'appelle devant lui pour me demander compte de mes actions, je lui montrerai mes mains pures de sang et mon cœur exempt de crime... Je lui dirai :

— Je n'ai jamais ravi le pain des veuves et des orphelins; je n'ai point persécuté le malheureux; je n'ai point trahi ni abandonné mon ami, je n'ai point troublé la félicité des amants; je n'ai point souillé l'innocence; je n'ai point semé l'inimitié entre les frères; je n'ai point prostitué mon âme aux richesses; j'ai partagé mon pain avec l'indigent; j'ai mêlé mes larmes aux larmes de l'affligé, j'ai toujours pleuré sur les malheurs de l'humanité. Si tu m'avais accordé une patrie, j'aurais consacré mon esprit à l'illustrer et mon sang à la défendre... Et tu le sais, cependant, ma faible voix a toujours courageusement crié la vérité. Corrompu presque par le monde après avoir expérimenté tous ses vices... mais non, ses vices n'ont fait que m'effleurer, mais ne m'ont jamais vaincu! — j'ai cherché la vertu dans la retraite et la solitude... J'ai aimé! Mais, toi-même, ne m'avais-tu pas fait entrevoir le bonheur? ne l'avais-tu pas embelli des rayons de la lumière infinie? ne m'avais-tu pas créé un cœur tout d'amour et de tendresse?... Puis, après mille espérances, j'ai tout perdu, je suis devenu inutile aux autres et à charge à moi-même... Je me suis délivré par le trépas d'une infortune éternelle... Pourrais-tu te réjouir, ô mon père! des gémissements de l'humanité? prétends-tu que les hommes doivent soutenir leurs malheurs, lorsqu'ils surpassent les forces que tu leur as accordées, et qu'ils n'ont plus en avenir que le crime ou la mort?... »

Console-toi, Thérèse! console-toi! ce Dieu que tu implores avec tant de piété, ce Dieu, s'il daigne s'inquiéter de l'existence ou de la mort de ses créatures, ne détournera point son regard de moi; il lit au fond de mon âme, il sait que je ne pouvais résister plus longtemps, il a vu les combats que j'ai soutenus avant que de succomber, il a entendu avec quelle prière je l'ai supplié d'éloigner de ma bouche ce calice amer... Adieu donc!... adieu à l'univers! O mon amie, la source de mes larmes n'est point épuisée!... j'en reviens à pleurer et à craindre, mais bientôt tout sera fini. Oh! mes passions, elles me brûlent, elles me déchirent, elles me possèdent encore, et ce n'est que lorsque la nuit éternelle voilera le monde à mes yeux que j'ensevelirai avec moi mes désirs et mes larmes. Mais, avant de se fermer pour toujours, mes yeux te chercheront encore, je te verrai, je te verrai pour la dernière fois. Je prendrai de toi un dernier adieu, et je recueillerai tes pleurs, unique fruit de tant d'amour.

J'arrivais à cinq heures de Venise lorsque je le rencontrai à quelques pas de chez lui, allant faire ses adieux à Thérèse ; ma présence inattendue le consterna, et bien plus encore ma résolution de l'accompagner jusqu'à Ancône. Cependant, il m'en remercia tendrement, mais en tâchant toujours de me détourner de ce projet ; lorsqu'il vit que ses instances étaient inutiles, il me proposa de l'accompagner chez M. T*** ; il garda le silence pendant tout le chemin ; il marchait lentement, et son visage offrait l'empreinte d'une tristesse tranquille. Comment ne m'aperçus-je pas qu'il roulait alors dans son âme ses dernières pensées ! Nous entrâmes par la porte du jardin ; il s'arrêta sur le seuil ; puis, se retournant tout à coup vers moi :

— Ne te semble-t-il pas, me dit-il, que la nature est aujourd'hui plus belle que jamais ?...

Lorsque nous approchâmes de la chambre de Thérèse, j'entendis la voix de celle-ci :

— Non, le cœur ne peut se changer, disait-elle.

Je ne sais si Ortis avait entendu ces paroles, mais il ne m'en parla point.

Nous trouvâmes Odouard qui se promenait ; M. T*** était assis au fond de la chambre, les coudes posés sur une petite table et la tête appuyée sur ses mains ; nous restâmes longtemps sans parler. Ortis enfin rompit le silence.

— Demain, dit-il, je ne serai plus avec vous.

Il se leva, prit la main de Thérèse, y posa ses lèvres, et je vis des larmes mouiller la paupière de celle-ci. Ortis, sans quitter sa main, la pria de faire appeler la petite Isabelle ; les cris et les sanglots de cette pauvre enfant furent si prompts et si violents, qu'aucun de nous ne put retenir ses pleurs. A peine eut-elle appris qu'il partait, qu'elle se jeta à son cou en répétant plusieurs fois :

— O mon Ortis, pourquoi nous quittes-tu ? Surtout reviens bien vite !

Ne pouvant supporter une scène aussi touchante, il la remit entre les bras de Thérèse, et sortit en répétant plusieurs fois adieu. M. T*** l'accompagna, l'embrassa en pleurant à différentes reprises, et le quitta sans pouvoir dire un mot. Odouard, qui était à son côté, nous serra la main en nous souhaitant un bon voyage.

Il était nuit lorsque nous rentrâmes ; il ordonna aussitôt à Michel de préparer sa malle, et me pria de retourner à Padoue, afin de prendre les lettres que lui avait offertes M. C***. Je partis au même instant.

Alors, au bas de la lettre qu'il avait commencée pour moi le matin, il ajouta ce post-scriptum :

« Puisque je n'ai pu t'épargner la douleur de me rendre les derniers devoirs, et qu'avant que tu vinsses, j'avais l'intention d'écrire au curé, ajoute ce dernier bienfait à ceux dont tu m'as déjà comblé. Que je sois enseveli comme on me trouvera, dans un site abandonné... pendant la nuit, sans pompe... sans tombeau... sous les pins de la colline en face de l'église... Le portrait de Thérèse sera enterré avec moi.

» Ton ami, JACQUES ORTIS. »

Il sortit de nouveau, et, sur les onze heures, frappa à la porte d'un paysan à deux milles de chez lui, lui demanda de l'eau, et en but une grande quantité.

Il rentra un peu après minuit, sortit bientôt de sa chambre pour donner au jeune homme une lettre à mon adresse, qu'il lui recommanda de ne remettre qu'à moi seul, et lui dit en lui serrant la main et en le regardant tendrement :

— Adieu, Michel; aime-moi !

Puis, le quittant, il rentra tout à coup, et, fermant

la porte derrière lui, continua la lettre qu'il avait commencée pour Thérèse.

Une heure.

J'ai visité mes montagnes, j'ai visité le lac des Cinq-Fontaines, j'ai salué pour la dernière fois les forêts, les champs et les cieux. O mes solitudes ! ô ruisseau qui, le premier, par ton cours m'enseignas la demeure de cette femme céleste !... combien de fois j'effeuillai des fleurs sur tes ondes, qui bientôt devaient passer sous ses fenêtres ! combien de fois j'accompagnai Thérèse sur ton rivage, lorsque, enivré du bonheur de l'adorer, j'épuisais à longs traits le calice de la mort !

Mûrier sacré, je t'ai adoré, je t'ai laissé mes derniers remercîments et mes derniers soupirs. Je me suis prosterné devant toi comme devant un autel, et j'ai baigné l'herbe que tu ombrages des plus douces larmes que j'aie jamais versées ; elle me semblait encore chaude de sa présence. Heureuse soirée, comme tu es gravée en mon cœur !... J'étais assis près de toi, Thérèse, et les rayons de la lune, pénétrant à travers les rameaux, éclairaient ton visage angélique ; une larme roulait sur tes joues, je la recueillis avec mes lèvres, nos bouches se rencontrèrent, mes soupirs et mon âme passèrent dans ta poitrine. C'était le soir du 13 mai, c'était la journée du jeudi... Depuis cette époque, il ne s'écoula pas un seul instant sans que cette soirée se représentât à mon souvenir. Depuis ce temps, je me suis regardé comme sanctifié, et j'ai dédaigné les autres femmes comme indignes de moi, de moi, qui avais senti toute la volupté d'un baiser de ta bouche.

Je t'aimais donc, je t'aimais, et je t'aime encore d'un amour que moi seul peux comprendre... O mon ange! la mort est-elle à craindre pour l'homme qui t'a entendue dire que tu l'aimais, qui a senti courir dans ses veines toute la flamme qu'allume un de tes baisers, qui a mêlé ses larmes aux tiennes?... Et maintenant encore que j'ai un pied dans la tombe,... je crois te voir, et mes yeux s'arrêtent sur ton visage resplendissant d'une flamme céleste!... et bientôt... Tout est préparé... La nuit n'est déjà que trop avancée... Adieu!... Dans quelques instants, nous serons séparés par le néant et l'incompréhensible éternité... Le néant!... oh! oui, mon Dieu! je t'en supplie du fond de l'âme,... si tu n'as pas quelque lieu où nous réunir un jour pour ne nous quitter jamais, à cette heure solennelle de la mort, je te conjure de m'abandonner au néant.

Adieu, Thérèse!... Je meurs exempt de crimes; je meurs maître de moi-même, je meurs tout à toi;

certain de tes larmes... Adieu!... pardonne-moi!... adieu!... — Oh! console-toi, et vis pour consoler nos malheureux parents... Ta mort ferait maudire mes cendres. Si quelqu'un osait t'accuser de mes malheurs, confonds-le avec le dernier serment que je prononce en me précipitant dans la nuit du tombeau... *Thérèse est innocente.*

Maintenant reçois, mon âme!...

———

Michel, qui couchait dans la chambre voisine de celle d'Ortis, fut réveillé par un gémissement sourd et prolongé : il prêta l'oreille, pour écouter si on ne l'appelait pas, et ouvrit la fenêtre, soupçonnant que j'étais revenu et que je l'avais appelé. Mais, s'étant assuré que tout était tranquille, et la nuit encore obscure, il se remit au lit et ne tarda point à se rendormir. Il m'a dit, depuis, que ce gémissement l'avait effrayé d'abord, mais qu'ensuite il avait réfléchi que son maître avait l'habitude de s'agiter ainsi pendant son sommeil.

Le matin, Michel, après avoir frappé en vain à la porte, força la serrure, appela dans la première chambre, et, ne s'entendant point répondre, s'avança en tremblant. Bientôt, à la lumière de la lampe qui brûlait encore, il aperçut son maître baigné dans des flots de sang. Il ouvrit les fenêtres pour appeler du secours; mais, voyant que personne ne l'entendait, il courut chez le médecin et le curé : tous deux étaient sortis pour assister un malade. Alors, il entra en pleurant dans le jardin de M. T***; et, comme Thérèse sortait avec son père et son mari, lequel justement lui annonçait qu'il avait appris qu'Ortis n'était point parti dans la nuit, ainsi qu'il le devait faire, cette nouvelle lui avait rendu l'espoir de lui dire adieu une dernière fois. Elle aperçut Michel qui accourait : elle se retourna alors de son côté, soulevant le voile qui couvrait son visage, sur lequel il était facile de lire une douloureuse impatience.

Michel les joignit, criant au secours, disant que son maître s'était frappé, mais qu'il ne le croyait pas encore mort. Thérèse l'écouta, immobile et les yeux fixes; puis, sans verser une larme, sans pousser un cri, elle s'évanouit entre les bras d'Odouard. M. T*** accourut, espérant qu'il pourrait peut-être sauver la vie à notre malheureux ami. Il le trouva étendu sur un sofa, la figure presque entièrement cachée dans les coussins, immobile, mais respirant encore. Il s'était enfoncé un stylet sous la mamelle gauche; mais ce stylet, tombé près de lui, faisait présumer qu'il l'avait ensuite arraché de la blessure. Son habit noir et sa cravate étaient jetés sur une chaise voisine. Il n'avait conservé qu'un gilet, son pantalon, ses bottes et une écharpe de soie très-large qui faisait plusieurs fois le tour de son corps, et dont un des bouts pendait ensanglanté, parce que, dans ses douleurs, il avait sans doute essayé de s'en débarrasser. M. T*** souleva doucement la chemise, qui, toute souillée de sang, s'était attachée à la blessure. Ortis alors tourna vers lui ses regards mourants, étendit un bras comme pour s'y opposer, et, de l'autre, lui serra la main. Mais aussitôt, laissant retomber sa tête sur les coussins, il leva les yeux au ciel et expira.

La blessure était large et profonde, et, quoique n'attaquant pas le cœur, était devenue mortelle par la quantité de sang qu'il avait répandu, et qui coulait par torrents dans la chambre. Le portrait de Thérèse, noir de sang caillé, à l'exception du milieu, pendait à son cou, et les lèvres ensanglantées d'Ortis faisaient présumer que, dans son agonie, il avait plusieurs fois pressé contre sa bouche l'image de son amie. Sur le secrétaire était une Bible ouverte, sa montre, et quelques feuillets de papier, sur l'un desquels était écrit : *O ma mère!* Ensuite, au milieu de quelques lignes raturées, on distinguait ce mot : *Expiation;* puis, un peu plus bas, ceux-ci : *De pleurs éternels.* Sur un autre, on lisait seulement l'adresse de sa mère ; comme si, se repentant de sa première lettre, il en eût commencé une autre qu'il n'avait pas eu le courage d'achever.

A peine fus-je arrivé de Padoue, où j'étais resté plus longtemps que je n'eusse voulu, que je fus effrayé de la foule de villageois qui pleuraient dans la cour. Quelques-uns d'entre eux me regardaient avec étonnement, et me conjuraient de ne pas monter. Je me précipitai en tremblant dans la chambre : j'aperçus alors M. T*** étendu avec désespoir sur le corps de mon ami, et Michel à genoux près de lui, la figure contre terre. Je ne sais comment j'eus la force de m'approcher et de lui poser la main sur le cœur auprès de la blessure... Il était mort, et déjà froid. Les pleurs et la voix me manquèrent ensemble : muet et immobile, je fixais des regards stupides sur ce sang, lorsque le prêtre et le chirurgien arrivèrent enfin. Aidés de quelques domestiques, ils nous arrachèrent à ce spectacle terrible. Thérèse passa tout ce jour au milieu du deuil de sa famille et dans un mortel silence ; puis, quand la nuit fut venue, je me traînai derrière le corps de mon ami, qui fut enterré sur la montagne des pins par les laboureurs du village.

FIN DE JACQUES ORTIS

LES FOUS
DU DOCTEUR MIRAGLIA

A MON BON AMI LE DOCTEUR CASTLE

I

Permettez-moi de vous rendre compte d'un des spectacles les plus extraordinaires que j'aie jamais vus, et je puis même dire que l'on ait jamais vus :

Une représentation dramatique jouée par des fous.

Et remarquez-le bien, c'est la troisième fois que ces mêmes fous, sous la direction du docteur Miraglia, donnent à Naples des représentations, et avec un succès tel, qu'à Naples, où les comédiens, même ceux qui ont du talent, ne font pas un sou, nos fous, toutes les fois qu'ils jouent, font salle comble.

Une fois, — la première, — ils ont joué le *Brutus*

d'Alfieri; les deux autres fois, ils ont joué *le Bourgeois de Gand* !.

Le Bourgeois de Gand! entendez-vous, mon cher Romand, vous que je n'ai pas vu depuis vingt-cinq ans peut-être? votre *Bourgeois de Gand*, oublié à Paris par des acteurs qui se croient sages, des fous le jouent ici, et le font applaudir avec frénésie!

C'est qu'en vérité je ne conseillerais pas à de vrais acteurs de lutter avec eux.

Maintenant, comment vous raconter cette représentation? J'ai bien envie de commencer par la fin, c'est-à-dire de vous parler de M. Miraglia d'abord, de son admirable établissement ensuite, et enfin de la représentation du *Bourgeois de Gand*.

J'ai été voir *le Bourgeois de Gand*, sans connaître M. Miraglia, et encore moins ses fous. Après la représentation, émerveillé de ce que j'avais vu, j'ai couru après M. Miraglia; mais on m'a dit qu'on ne pouvait pas lui parler, attendu qu'il était en train de calmer l'exaltation de ses artistes, avec lesquels il partait le même soir pour Aversa. Si je voulais l'aller voir à Aversa, il m'attendrait le lendemain toute la journée, et je pourrais tout à mon aise faire mes compliments aux artistes que j'avais applaudis la veille et à leur habile directeur.

1. Deux autres représentations de *Brutus* furent données au théâtre royal de Caserte.

M. Miraglia m'attendait et m'exposa son système avec la plus complète bienveillance. Vous faire connaître toutes les observations de M. Miraglia n'est pas chose possible.

Je me bornerai donc à vous dire que M. Miraglia, après avoir douté du système de Gall et de Spurzheim, l'étudia et, après l'avoir étudié, en devint fanatique. Dès lors, se sentant entraîné par une vocation irrésistible vers le traitement des fous, il comprit que la phrénologie devait être surtout appliquée à la folie. Et, en effet, du développement des organes dépend le développement des facultés de l'esprit; de l'excitation de ces mêmes organes naissent l'exaltation et le désordre de ces facultés, et de leur dépression, au contraire, naît l'abolition de ces facultés. La manie, la folie et la démence sont les trois degrés du dérangement de la raison. On passe de la manie à la folie, de la folie à la démence; au delà, rien; car la démence, c'est l'atrophie du cerveau, et, dans ce cas, les cavités du cerveau sont diminuées au profit de la partie osseuse, qui est insensible et inintelligente.

*
* *

La plupart des fous que contient l'établissement de M. Miraglia, sont devenus fous par *religiosité*. Il est remarquable combien chez eux est développé jusqu'à l'exagération, c'est-à-dire jusqu'à la manie, l'organe de la vénération.

La *religiosité* exagérée est un des organes qui mènent le plus facilement aux crimes les plus impies.

En 1860, on eut un terrible exemple d'aberration religieuse, à Tratta-Maggiore, petit pays situé à cinq milles au-dessus de Naples. Dans la nuit du 25 mai, un fils tua sa mère, âgée de quatre-vingts ans, tandis qu'elle dormait.

Il se nommait Raphaël Del Prete; il était âgé de trente-six à trente-huit ans, de tempérament bilieux, mélancolique, d'intelligence limitée; il était dominé par des sentiments ascétiques, passait pour avoir un bon caractère, était respectueux pour sa vieille mère qu'il paraissait adorer.

Jamais on n'avait remarqué en lui le moindre trouble cérébral.

Il tomba malade, fit vœu, s'il guérissait, de quêter pour faire dire des messes, et recueillit de quoi en faire dire quatre ou cinq cents.

Dans le procès, Del Prete dit que le conseil de faire des quêtes lui avait été donné par son confesseur, — qui espérait être chargé de dire ces messes, et, par conséquent, en toucher l'argent.

Mais, au lieu de donner cet argent au prêtre, raconte toujours Del Prete, il le donne à un ermite;

ce que, apprenant le prêtre, il lui dit avec emportement qu'il était damné.

Après cette menace, Del Prete devint pensif, il ne quitta plus la maison, et, se regardant d'avance comme damné, il ne baisa plus les images saintes pour lesquelles il avait une si grande dévotion autrefois.

Sa mère l'invitait à sortir, et, comme son oisiveté amenait la gêne dans la maison, elle le poussait à reprendre son métier, qu'il avait complétement abandonné. Cette insistance de la pauvre femme l'irritait ; il répondait qu'il avait des dettes partout, et que personne ne lui voulait plus faire crédit.

Enfin, une nuit, son frère, qui couchait dans le même lit que lui, se réveilla et ne le sentit plus à ses côtés. En même temps, il entendit un bruit de coups sourds dans la chambre voisine : il se leva, alluma une chandelle, entra dans la chambre où il entendait ce singulier bruit, et il trouva son frère écrasant à coups de masse la tête de sa mère.

— Que fais-tu, malheureux? lui demande-t-il.

— J'ai entendu, répondit l'assassin, ma mère qui était tombée à bas du lit, je suis accouru pour l'y remettre.

Le frère sortit pour appeler du secours, rentra, accompagné de plusieurs personnes, et trouva le meurtrier en extase près du corps de sa mère.

Incarcéré et interrogé, le malheureux répondit que c'était le démon qui, pendant toute la journée précédente, lui avait soufflé à l'oreille de tuer sa mère. Son frère s'étant endormi, et la voix du démon ayant continué à le pousser au meurtre, il avait cédé à la tentation.

Les juges ayant peine à croire à ce matricide, pendant un état de libre arbitre de l'assassin, appelèrent en consultation M. Miraglia et le docteur Barbarisi.

M. Miraglia examina la tête du prévenu et déclara qu'il était atteint de ce genre de folie que l'on appelle *lypémanie ascétique*, laquelle peut, par des hallucinations fantasques, entraîner aux actes les plus désespérés celui qui est sous son empire. Il déclara donc que le coupable avait agi, non pas dans l'exercice de son libre arbitre, mais sous la pression d'une terreur religieuse à laquelle il n'avait pas pu résister.

— Inutile de le tuer, dit M. Miraglia aux juges : dans un an, il sera mort.

Le coupable, en effet, fut sauvé de la guillotine, mais non de la mort. Dieu l'avait déjà condamné quand les hommes s'occupaient de rendre son jugement.

Un an après, comme l'avait prédit M. Miraglia, Del Prete mourut ; l'autopsie du cerveau présenta un crâne double d'épaisseur, comparé à un autre crâne, et transparent au sinciput antérieur; les méninges étaient engorgés de sang; le sectum falciforme était devenu plus volumineux et avait fait adhésion avec les circonvolutions immédiates; ces circonvolutions présentaient des suppurations gélatineuses dans la substance grise; les lobes médiaux comme les méninges, étaient engorgés de sang et ramollis; le reste de la substance cérébrale était dans l'état ordinaire.

Parmi les viscères, le foie était très-volumineux et présentait des traces inflammatoires.

*
* *

Maintenant, voici les raisons que, dans la conviction de la culpabilité matérielle, mais de l'innocence morale de Del Prete, M. Miraglia fit valoir près des juges.

Les actes antérieurs au crime de Del Prete, ou du moins ceux qui le précédèrent de quelques jours, démontraient clairement la *lypémanie ascétique*, presque toujours accompagnée d'hallucinations qui font croire au patient qu'il est possédé. C'est sous l'empire de cet état morbide que le crime fut consommé; mais Del Prete n'était pas fou seulement du jour où il commença à donner des signes de folie; l'infirmité, quoique n'étant pas extérieurement reconnue, avait une date bien antérieure dans le cerveau. La folie, nous l'avons dit, est un trouble moral qui a sa cause dans les désordres fonctionnels des organes cérébraux par des modifications physiques. C'est un fait incontestable que tous les aliénés, et particulièrement ceux qui sont atteints de *lypémanie ascétique* avec hallucinations, sont sujets à des visions qui, suscitées par des motifs extérieurs, vrais ou imaginaires, les poussent à l'homicide ou au suicide, surtout lorsqu'ils sont contrariés, attendu que la monomanie homicide est causée par l'exaltation indomptable de l'organe destructeur, excité par un autre sens intérieur, malade, comme il l'était, par exemple, dans Del Prete, où le sentiment ascétique était profondément attaqué; et c'est pour cela que l'on put constater en lui un certain sens moral, suffisamment développé. Cette lutte intérieure qui, tout à la fois, le poussait au crime quoique le crime lui fît horreur, c'est ce que les phrénologues appellent la *double conscience*, phénomène morbide qui, nous l'avons dit, conduit inévitablement les aliénés au désespoir, et, du désespoir, aux actes les plus insensés et les plus féroces.

Je vais, maintenant, vous raconter l'histoire de quatre crânes séparés du tronc depuis soixante-deux ans, et qui viennent de me raconter à moi, par l'organe de M. Miraglia, leur interprète, un des plus terribles drames que j'aie jamais entendus.

Voyons d'abord où étaient ces crânes, et comment ils tombèrent au pouvoir du docteur Miraglia.

En 1835, au moment où l'on eut l'assez triste idée de restaurer le Castel-Capouano, — magnifique forteresse dont, selon Thomas de Catane, Roger fut le fondateur, tandis que d'autres attribuent cette fondation à Guillaume le Mauvais, — le docteur Miraglia soignait la fille du préfet de Naples, et, tout en la soignant, poursuivait ses études phrénologiques. Il demanda au père de la jeune malade de lui faire cadeau de quelques crânes de malfaiteurs exposés dans des cages clouées aux murailles du Castel-Capouano. Il s'appuyait sur ce que cette exposition était un reste de barbarie qui devait disparaître avec les autres. Le préfet fit quelques difficultés, disant que ce reste de barbarie, deux gouvernements français, celui de Joseph et celui de Murat, l'avaient laissé subsister; mais enfin, séduit par l'idée de faire mieux que n'avaient fait Joseph et Murat, il donna l'ordre de faire disparaître des murailles du Castel-Capouano les cages et les têtes qu'elles renfermaient. L'architecte hérita des cages, le docteur Miraglia des têtes.

Heureux de posséder enfin le trésor qu'il ambitionnait depuis si longtemps, M. Miraglia s'enferma avec ses crânes, les tria et les divisa en catégories.

Quatre cages rapprochées les unes des autres, portant la même date, annonçaient que les quatre têtes, séparées du tronc le même jour, appartenaient aux fauteurs et aux complices du même crime.

M. Miraglia étudia les quatre crânes.

Il reconnut que le premier était celui d'une femme de trente-deux à trente-quatre ans;

Le second, celui d'un vieillard de soixante à soixante et dix ans;

Le troisième, celui d'un homme de vingt-huit à trente ans;

Le quatrième, celui d'un jeune homme de vingt-deux à vingt-quatre ans.

Cette première étude n'était pas sans difficulté. Ces têtes, exposées depuis cinquante-cinq ans au soleil, à la pluie, à la poussière, présentaient une croûte qu'il fallut enlever; la couleur des os avait foncé; les uns étaient gris, les autres presque noirs.

Voici les caractères différents que présentaient ces quatre crânes :

CRANE DE LA FEMME.

Le docteur reconnut que le crâne était celui

d'une femme, à sa face étroite, au peu de largeur de l'arcade dentaire, à la très-grande distance existant entre le trou de l'oreille et la partie supérieure de l'os occipital, à laquelle correspond l'organe de la philogéniture, qui présentait une saillie de plus de six lignes.

Il reconnut que cette femme n'avait pas plus de trente-deux à trente-quatre ans, au peu d'épaisseur des os, aux sutures non effacées et faciles à désarticuler, à l'état d'intégrité des dents, condition de jeunesse que l'on ne trouve plus passé cet âge.

D'après les dimensions générales du crâne, il observa que les parties postérieures et latérales dépassaient en volume les parties supérieures et antérieures : ce qui indiquait que, chez l'individu auquel il avait appartenu, les tendances animales l'emportaient sur les sentiments moraux et les facultés intellectuelles; de telle sorte que, n'étant pas contrebalancées par ces dernières, elles se trouvèrent détournées du but moral, vers lequel, dans les conditions d'un organisme moins brutal, le pouvoir de la volonté eût pu les diriger, et entraînèrent l'individu à satisfaire ses instincts.

Ce crâne, confronté à ceux des plus terribles criminels, pouvait soutenir la comparaison. L'organe de la *destructivité* ne rencontrait son pareil que dans celui d'une tête de femme, conservé au musée de Versailles, et qu'on montre comme étant celui de la marquise de Brinvilliers; — chose qui nous paraît impossible, puisque la marquise de Brinvilliers, décapitée en 1676, fut ensuite brûlée et réduite en cendres, jetée au vent; mais qui, à défaut du crâne de celle-ci, serait probablement celui de la fameuse madame Tiquet, qui tua son mari en 1699.

Donc, ce crâne était celui d'une personne entraînée vers l'homicide par des instincts brutaux, que les sentiments moraux et les facultés intellectuelles étaient insuffisants à combattre.

CRANE DU VIEILLARD.

Ce crâne, dont il n'existait que le côté droit, fut reconnu par M. Miraglia pour celui d'un homme de soixante à soixante et dix ans, à l'épaisseur des os, qui dépassait trois lignes, à la presque disparition des sutures effacées sur une grande étendue, quoique facile à désarticuler, à cause de la fragilité amenée par le temps et les intempéries; à l'épaisseur anormale des os occipitaux, avec aplatissement de leurs cavités, à cause de l'atrophie du cervelet; à l'engorgement des alvéoles à l'endroit des dents tombées par l'âge; en outre, l'extension de l'arcade dentaire, l'ampleur de la face, l'extension des lobes antérieurs, indiquaient une tête d'homme.

L'examen du crâne démontra que celui auquel il avait appartenu était un de ces hommes qui vivent entre la vertu et le vice, n'ayant reçu de leur organisation qu'un esprit faible, se pliant facilement aux circonstances, et agissant et opérant selon les impulsions qu'ils reçoivent. Une ligne, tirée du trou acoustique au sommet de la tête, fait ressortir un médiocre développement des parties antérieures du cerveau, et les régions cérébrales, qui représentent les sentiments moraux, sont suffisamment développées, quoique la base et les côtés de l'encéphale, siéges des tendances animales, soient larges et étendus au delà de la mesure ordinaire.

Les organes de la *philogéniture*, de la *destructivité*, de la *sécrétivité* et de l'*acquisivité* étaient énormes; la *combattivité*, la *circonspection* et l'*estime de soi* étaient grandes; la *fermeté*, la *vénération*, la *bienveillance* et la *consciencíosité* peu développées. Tous les autres organes étaient plutôt petits que grands, moins cependant quelques-uns qui présentaient les indices d'un développement normal. Avec cette organisation, ne pas savoir être vertueux était une faute entraînant aux plus grands vices et aux plus grands crimes.

CRANE DE L'HOMME.

Les os de la face manquaient à ce crâne. Ce fut donc par la non-ossification des sutures, par la largeur de l'occiput, par la compactivité élastique des os, quoique suffisamment épais, que le docteur Miraglia put fixer l'âge de l'homme auquel avait appartenu ce crâne, entre vingt-cinq et trente ans.

La conformation vicieuse de cette tête était remarquable par l'ampleur des parties de l'encéphale placées derrière le trou acoustique : la hauteur et la largeur des organes des tendances y dominent monstrueusement, tels que ceux de l'*amativité*, de la *destructivité*, de la *sécrétivité* et de la *fermeté*; toute la région antérieure était petite et déprimée, surtout à l'endroit des organes de la *vénération* et de la *bienveillance*. Cet homme devait nécessairement être lascif et follement féroce.

CRANE DU JEUNE HOMME.

Ce crâne était monstrueusement défectueux. L'énorme extension de la région animale et la petitesse et la dépression de celle des sentiments des facultés intellectuelles dénotaient un esprit brutalement féroce.

Les conditions matérielles de ce crâne indiquaient que c'était un jeune homme de vingt à vingt-cinq ans, quoique les os en fussent épais et pesants.

Les dimensions du crâne étaient presque semblables à celles du crâne de la femme ; même l'étroitesse encore plus grande du front et l'extension encore plus grande de la région rétro-auriculaire indiquaient la lourdeur d'esprit et la témérité. Quant aux instincts, la *combattivité* était très-développée, ainsi que la *destructivité* ; la *sécrétivité* venait ensuite. Quant aux sentiments, l'*approbativité* était grande, la *circonspection* grande, la *fermeté* enfin plus développée encore que ces deux derniers organes.

Ces différents crânes étudiés, le sexe, l'âge et les instincts de ceux à qui ils appartenaient reconnus, restait à savoir si M. Miraglia avait deviné juste. On ne pouvait avoir de certitude sur ce point qu'en exhumant le crime commis par les quatre justiciés, dont on ignorait encore les noms et même le crime, et le plus ou moins d'action ou de complicité dans la perpétration du crime.

A force de chercher, M. Miraglia trouva dans les Archives criminelles de la Vicaria, sous le n° 6154, cahier 340, à la date correspondant à celle de l'exposition des têtes, le procès d'une femme et de trois hommes accusés de meurtre.

II

Les détails du procès, trouvé par M. Miraglia dans les Archives criminelles de la Vicaria, ne laissaient pas de doute sur l'identité des quatre prévenus avec les quatre justiciés dont M. Miraglia possédait les crânes.

Ces quatre prévenus étaient :

Giuditta Guastamacchia, âgée de trente-trois ans ;

Nicolas Guastamacchia, son père, âgé de soixante-six ans ;

Pietro de Sandoli, médecin, âgé de vingt-neuf ans ;

Michel Sorbo, sbire, âgé de vingt ans.

De l'acte d'accusation ressortaient les faits suivants.

Une jeune fille, née à Terlizzi dans les Pouilles, s'était fait remarquer dès sa première jeunesse par la férocité de son caractère. Sa constante occupation, son plus grand plaisir étaient de mettre en morceaux de jeunes chats, de déchirer vivants de petits oiseaux, de faire mal enfin à tout être plus faible qu'elle; de sorte que ses douze premières années s'étaient passées sans que l'on pût lui apprendre aucun des travaux de son sexe et sans qu'on eût pu lui faire entrer dans la tête même l'ombre d'une idée religieuse.

Néanmoins, au fur et à mesure qu'elle grandissait, Judith devenait belle, les lignes de sa physionomie étaient gracieuses, ses yeux beaux et brillants; mais leur regard altier et présomptueux révélait une âme disposée à suivre la tendance effrénée des sens.

L'amour, qui est un sentiment noble chez les personnes heureusement douées, devient une impulsion purement bestiale dans les cœurs pervertis. Jeune, elle s'abandonna donc à la débauche, et, parmi ses nombreux amants, en revint toujours de préférence à un certain Stefano Daniello, son parent à un degré éloigné, jeune homme de mœurs complétement dissolues.

Elle se nommait Judith Guastamacchia.

Son père, Nicolas Guastamacchia, chercha vainement à réprimer les tendances vicieuses de sa fille, et, dans l'espoir que le mariage serait un frein à ses passions, il la maria à un pauvre diable de notaire, nommé Francesco Rubino, qui, perdu lui-même de vices, consentait aux débauches de sa femme avec son amant de cœur. Le malheureux père voulut s'interposer; mais les deux amants se moquèrent de lui et continuèrent le même genre de vie, jusqu'à ce que le mari, ayant commis un faux, s'enfuit à Rome, où il mourut dans l'hôpital du Saint-Esprit. Judith, redevenue libre, retombait sous l'autorité de son père. Pour échapper à cette autorité, elle s'enfuit à Naples, où, quelques mois après, son amant vint la rejoindre.

Nicolas Guastamacchia l'y poursuivit, bien résolu à mettre fin à cette vie de débauche, qu'il regardait pour lui comme un déshonneur. Il retrouva sa trace avec grande peine, et l'accusa devant le juge, lequel la fit venir en présence de son père et commença à lui faire des reproches. Mais l'étonnement du magistrat fut grand, lorsque Judith déclara que Guastamacchia n'était pas son père, mais un homme qu'elle savait être partisan enragé des Français et de la Révolution. Une pareille accusation, en 1796, c'est-à-dire au milieu des plus horribles réactions bourboniennes, c'était la mort. Par bonheur, et par hasard, le juge était un honnête homme qu'une pareille accusation, de la part d'une fille, fit frissonner. Au lieu de faire arrêter Nicolas Guastamacchia, il fit arrêter Judith, et l'enferma d'abord à la prison de Santa-Maria, ensuite à la Vicaria.

Les deux amants, furieux d'être séparés, imaginèrent un plan qui devait leur rendre, avec la liberté de Judith, la faculté de leurs premières amours.

Daniello avait un neveu nommé Dominique-Léonard Altamura. Il avait seize ans ; il était beau de sa personne, mais, par malheur, dissipé et abhorrant le travail. Celui-ci, séduit par la dot promise par son oncle, épousa Judith, et, pour la seconde fois, celle-ci eut le voile du mariage pour couvrir ses désordres.

Cependant, Altamura s'aperçut bientôt lui-même du piége où il était tombé ; la beauté de sa femme le rendit jaloux. Il se lassa de voir son oncle sans cesse à ses côtés : il lui reprocha sa conduite. Judith, irritée, en vint aux querelles, et, fatiguée de ce joug auquel elle ne s'attendait pas, elle arrêta dans sa pensée la mort de son mari. Elle en parla sérieusement à Daniello ; mais celui-ci, d'instinct moins féroce qu'elle, s'effraya d'un pareil projet ; il proposa des moyens moins cruels. Il voulait pousser son neveu à quelque délit qui le fît condamner à la prison ou à l'exil ; mais ce moyen terme ne satisfaisait pas la haine de Judith. — Femme de toutes les luxures, elle avait aussi celle du sang. Elle continua donc de proposer à son amant de se débarrasser de son mari, soit par le poison, soit en le précipitant d'une grande hauteur, soit en l'étranglant elle-même au moment où il accomplirait avec elle l'acte conjugal.

Dans ces incertitudes, et au milieu de ces projets toujours repoussés par Daniello, on atteignit l'année 1800, sans qu'il arrivât malheur à Altamura, non point parce que Judith s'était relâchée de sa haine contre lui, mais parce que, s'étant relâché de sa jalousie contre elle, il avait fermé les yeux sur ses amours avec son oncle.

Cependant, un autre ennemi allait se réunir aux deux premiers contre le pauvre Altamura. Cet ennemi, c'était le père de Judith, emprisonné pour dettes, et qui, tiré de prison par Daniello, habitait maintenant dans la maison de sa fille, en compagnie du mari et de l'amant. Là, cette nature variable se laissa influencer. Judith arriva à rejeter toutes ses fautes sur Altamura, et, par ses plaintes continuelles, finit par exaspérer son père contre lui.

Tous nos acteurs faisaient une espèce de halte au milieu des doutes et de l'incertitude : Judith, entraînait son père au crime, et essayait d'y entraîner son amant, lorsque, pour leur malheur, un cinquième personnage, entrant dans leur intimité, rendit, vers le crime, leur mouvement plus rapide. Ce personnage se nommait Pierre de Sandoli ; il était âgé de vingt-six à vingt-sept ans ; il était chirurgien, partageait les faveurs de Judith, et était à la fois l'objet de la jalousie du mari et de l'amant. Judith s'inquiéta peu du mari, mit tous ses soins à réconcilier les amants, y parvint, introduisit Pierre de Sandoli dans la maison, et trouva en lui une facilité à conspirer la mort du mari qu'elle n'aurait pas trouvée dans Daniello. Sandoli était un de ces hommes qui naissent pour être un outrage à la nature et un procès au bourreau.

La mort d'Altamura fut donc décidée. Les coupables, ayant arrêté le crime, cherchèrent les moyens de l'exécuter.

La confession des prévenus eux-mêmes révèle les discussions qui eurent lieu avant d'en arriver à l'un ou à l'autre de ces moyens, qui tous avaient pour but la mort du malheureux Altamura. On flottait d'un expédient à l'autre, non que cette mort ne fût pas résolue, mais pour chercher celle qui paraîtrait la moins compromettante; Judith seule, méprisant la faiblesse de ses deux complices, Sandoli et Guastamacchia, — Daniello avait refusé de prendre part au meurtre, tout en le laissant s'accomplir; — Judith seule décida que l'on chercherait un sbire, et que, le sbire trouvé, on s'unirait à lui pour exécuter en commun le crime.

Le chirurgien se chargea de ce soin; un sbire n'est pas difficile à trouver à Naples; d'ailleurs, il n'eut qu'à passer en revue ses anciennes connaissances, et son choix s'arrêta sur un certain Michele Sorbo, de Cirignola, jeune homme de vingt-deux ans, expert dans le crime, et qui, même sans espoir de récompense, avait plus d'une fois taché ses mains de sang.

On expédia le vieux Guastamacchia vers Cirignola, d'où il devait ramener Michele Sorbo, lorsque le hasard fit qu'il le rencontra aux environs de Naples. Il lui raconta la chose dont il était question ; Sorbo accepta la proposition comme il eût accepté une partie de plaisir. Il fut conduit à la maison, accueilli et caressé par Judith, et reçu avec indifférence par le stupide mari. L'avis du sbire fut pour la strangulation : Sandoli et Guastamacchia se rangèrent à cet avis, et Judith en devint presque folle de joie.

Les circonstances qui accompagnèrent l'assassinat indiquent sur quelles bases irréfragables repose le système phrénologique du docteur Miraglia, en montrant avec quelle froide et impitoyable férocité procéda, pour sa part, Judith.

Le crime devait être exécuté par Judith, son père et le sbire, la présence de Sandoli étant inutile et Daniello ayant déclaré qu'il ne voulait point y prendre part.

Pendant la soirée où l'assassinat devait avoir lieu, Judith envoya son mari chercher plusieurs choses pour le souper. On voulait, en son absence, prendre les dispositions nécessaires à la perpétration du meurtre.

On plaça quatre siéges devant le feu. Seulement, on scia aux trois quarts le pied d'un de ces siéges, afin que celui qui s'assoirait dessus tombât à la renverse.

Ce siége fut réservé pour Altamura.

Le sbire reçut des mains de Judith une cordelette, et, pour rendre la strangulation plus prompte et plus facile, il l'enduisit de suif et y prépara un nœud coulant.

De retour vers les neuf heures du soir, Altamura s'assit, sans aucun soupçon, sur le siége qu'il trouva vide. Judith et le sbire échangèrent alors un regard. Judith, pour occuper Altamura, vint lui jeter les bras autour du cou. Pendant ce temps, Michele Sorbo se leva, passa derrière lui, lui glissa le lacet et le renversa, en essayant de l'étrangler.

Altamura était jeune, il était vigoureux, il comprenait le dessein de ses adversaires, il aimait la vie : il lutta avec toute l'énergie du désespoir ; mais Judith se cramponna à lui comme une goule, lui appuyant ses genoux sur la poitrine et fixant au sol ses pieds convulsifs et ses mains crispées. Le père concourut au meurtre en appuyant le pied sur la gorge du patient, qui, étranglé, du reste, par Michele Sorbo, rendit bientôt le dernier soupir.

Le meurtre accompli, Daniello entra et désapprouva complétement ce qui venait de se passer. Après lui vint le chirurgien, qui, au contraire, manifesta une satisfaction stupide; mais, de tous, Judith était la plus joyeuse et la plus intrépide, comme elle fut la plus acharnée à l'horrible boucherie qui allait suivre.

Le cadavre fut posé dans un pétrin de bois; le chirurgien prit alors un bistouri, détacha du tronc les bras, les jambes, les cuisses et la tête; il lui ouvrit le ventre, en tira les viscères et les mit dans un vase de grès.

Judith repue, mais non pas fatiguée de ce spectacle, s'empara de la tête coupée, alluma le feu, mit la tête dans une marmite et la fit bouillir, et, cela, plutôt par une insatiable luxure de sang que pour la rendre méconnaissable. Il avait été convenu d'avance que les membres coupés seraient dispersés dans la ville. En conséquence, Guastamacchia et Michele Sorbo prirent d'abord les jambes et les cuisses, les cachèrent sous leurs habits et allèrent les jeter dans les cloaques de Sant'Angelo à Nilo. Revenus sans avoir été inquiétés dans leurs opérations, Guastamacchia resta à la maison, et le sbire sortit de nouveau, emportant dans un sac ensanglanté les bras, que Judith avait préparés en son absence et qu'il devait aller jeter dans un autre endroit.

Pendant ce temps, Judith continuait de faire bouillir la tête de son mari, dont la chair se détacha peu à peu. Alors, elle la tira de la chaudière et s'amusa à la regarder avec la même indifférence qu'elle eût fait d'une tête de veau. Elle attendait ainsi, et dans cette étrange distraction, le retour du sbire; mais le sbire se faisait attendre, Guastamacchia et Sandoli tremblèrent qu'il ne fût arrivé quelque chose. Judith seule resta gaie, impassible et rassurant les autres.

Et, en effet, le sbire avait rencontré, dans la rue de Sainte-Catherine-de-la-Couronne-d'Épines, une patrouille de police; en se sauvant, il avait laissé tomber le sac qui contenait les bras coupés : la patrouille le poursuivit, le vit tout couvert de sang et l'arrêta.

La nuit s'écoulait, et à chaque minute s'envolait une chance du retour de Michele Sorbo. La crainte de quelque dénonciation commença à entrer dans l'âme des coupables, qui s'occupèrent de faire disparaître les traces du crime. Le père et le chirurgien firent deux paquets du reste du corps, entrailles comprises, et allèrent les jeter vers la Pignasecca. Ils revinrent aussi vite que possible, et, alors, ce fut Judith qui sortit avec son père, emportant la tête cachée sous son châle et qui alla la jeter sur la place de Monte-Calvario.

Le jour venu, on vit à la Pignasecca un chien qui rongeait un crâne d'homme ; le bruit se répandit en même temps que l'on avait trouvé des membres mutilés aux environs et particulièrement aux cloaques de Sant'Angelo à Nilo.

La ville se soulevait tumultueusement. On ne savait pas si c'était un seul cadavre ou beaucoup de cadavres qui avaient été retrouvés mutilés. On était au jour des assassinats sombres et secrets ; chacun craignait pour sa vie ; les crimes du jour étant à la politique.

Mais bientôt le bruit se répandit que c'était un simple crime, et que la politique n'était pour rien dans cet effroyable meurtre. On ajoutait, ce qui rassura tout à fait les citoyens, que les coupables avaient été arrêtés et avaient avoué spontanément qu'ils étaient les auteurs de cet assassinat.

Les aveux des prévenus, et particulièrement ceux de Judith, donnèrent complétement raison à l'étude faite par M. Miraglia, sur son crâne, cinquante-six ans après que ces aveux avaient été faits et sans qu'il connût la femme à laquelle ce crâne appartenait.

La sentence fut rendue le 16 avril 1800 : elle condamna les coupables à mourir par le gibet, et, après leur mort, à avoir la tête tranchée et exposée dans des cages de fer à la Vicaria.

Daniello seul échappa à la peine de mort et fut condamné à une prison éternelle dans la fosse de Favignana.

Les coupables furent exécutés sur la place delle Pigne, et subirent la sentence avec une impassible résignation.

J'allais dire : *Dieu fasse paix à leurs âmes!* — mais le docteur Miraglia m'arrête la main : il ne croit pas que Judith Guastamacchia ait eu une âme.

Et, à mon avis, croire à la matière en pareille circonstance, c'est honorer Dieu.

III

Nous en avons fini avec la partie dramatique et sanglante de notre récit. Nous allons passer, si vous le voulez bien, à ce spectacle qui m'a si fort émerveillé, de voir un drame entier, en cinq actes, représenté par des fous.

Je dis des fous et non pas des folles, parce que M. Miraglia supprime la femme dans ses représentations dramatiques, par trois raisons : la première, parce qu'il n'a dans son établissement, séparé des hommes, que des femmes d'une classe inférieure;

qu'il regarde comme une chose plus délicate de faire monter des femmes sur le théâtre que d'y faire monter des hommes; enfin qu'il n'a pas la même puissance pour enchaîner le bavardage insensé des femmes que pour régir la parole des hommes, presque toujours silencieux, tandis que les femmes s'abandonnent à une éternelle loquacité.

Comme je vous l'ai dit en commençant, je ne voulus pas examiner la représentation des fous d'Aversa au seul point de vue de la curiosité et de l'étonnement produit par elle sur le public, et je résolus de savoir de M. Miraglia lui-même les causes qui l'avaient porté à faire de quelques-uns de ses fous des tragédiens et des comédiens, et de lui demander à l'aide de quel procédé il avait obtenu un résultat si complet.

M. Miraglia me répondit :

— D'abord, j'ai voulu prouver au public que les fous ne doivent pas être traités comme des bêtes féroces et chassés entièrement de la famille humaine : attendu que l'observateur assez patient pour reconnaître celles des forces mentales qui sont lésées, peut dès lors reconnaître aussi celles qui sont demeurées saines, et tirer une large clarté de celles-ci en les mettant en exercice; de sorte que la folie sera seulement une tache sombre sur l'esprit, un point noir sur la lumière. Or, rien de plus naturel que ce fait, qui paraît merveilleux au premier abord. Les facultés demeurées dans leur état normal une fois reconnues, il faut les exciter en enlevant aux facultés malades tout motif extérieur d'entrer elles-mêmes en excitation. Patience, persévérance, bienveillance et volonté, telles sont les moyens d'obtenir la confiance de ces malheureux et de les conduire à l'exercice des parties saines de leur cerveau, en endormant les parties malades, et de mettre un fou en relation avec un ou plusieurs autres fous, ce à quoi on réussit en dirigeant vers un même but les qualités saines de plusieurs cerveaux malades partiellement.

Cette explication deviendra plus facile à saisir, en étudiant les individus qui ont concouru à la représentation, et en faisant connaître au lecteur la monomanie de chacun d'eux.

Je ne puis parler que du *Bourgeois de Gand*, n'ayant vu représenter que le *Bourgeois de Gand;* ce que je dirai de la représentation de *Brutus* sera accidentel.

Les principaux personnages du drame étaient ainsi représentés :

Le bourgeois de Gand.... MM.	Felice Persio.
Le marquis de las Navas..	Luigi Cagliozzi.
Le duc d'Albe.............	Antonio Rossi.
Le prince d'Orange.......	Giuseppe Forcignano.
Gidolfe...................	Vincenzo Luizzi.
Le courrier d'Espagne....	Michele Pentrella.

Les rôles du comte de Lowendeghem et du valet de chambre du duc furent remplis par deux employés de l'établissement, les deux aliénés qui devaient remplir ces rôles ayant été, pendant les répétitions, saisis de délire aigu. Procédons par ordre et étudions successivement chacun de ces artistes.

FELICE PERSIO. — *Le bourgeois de Gand.*

Felice Persio est de Penne, dans la première Abruzze ultérieure ; il est âgé de quarante-cinq ans, et est fils de père mort fou ; jeune, il fit le comédien vagabond, jouant la comédie, chantant et dansant. Il entra dans l'établissement le 24 décembre 1858 ; il est affecté de *manie*, c'est-à-dire de désordre étrange et permanent dans les instincts, mais avec intégrité de quelques facultés supérieures. En effet, le sens de la *mimique*, de l'*astuce*, de l'*idéalité* et de quelques autres forces intellectuelles se montrent en lui complétement saines. Excitez et dominez ces facultés saines, et vous ferez taire celles qui sont malades. Ce fut ce que fit M. Miraglia. Mais il s'aperçut que, dès qu'il suspendait l'action exercée par ces facultés, celles qui étaient perverties reprenaient aussitôt le dessus. C'est ainsi que, tant que Persio demeure sur la scène, il est tout entier à son rôle ;

mais que, aussitôt la toile baissée, il retombe dans sa folie. En outre, il est poëte, improvise avec facilité des vers pleins de sentiments généreux et de pensées élevées. Mais, dans ses heures d'aliénation, il ne peut lier deux phrases ensemble et ne dit absolument rien qui ressemble à un discours sensé.

LUIGI GAGLIOZZI. — *Le marquis de las Navas.*

Luigi Gagliozzi est de Naples; il a trente-deux ans. Il était concierge de l'administration de la loterie. Il entra à l'établissement de M. Miraglia le 7 mars 1861, affecté de *lypémanie ascétique,* ce qui, en langage ordinaire, se traduit par ces mots : « Exagération et désordre de quelques sentiments, et particulièrement de celui du sens religieux et de celui de la circonspection. » La bienveillance, la mimique chez lui sont restées saines. Il fut donc facile à guider dans les deux rôles qu'il a joués ; celui de Collatin, dans le *Brutus,* et celui du marquis de las Navas dans *le Bourgeois de Gand.* Il est plus docile que Persio, par cette raison qu'il est plus facile de dominer les émotions des sentiments pervertis que les impulsions, presque toujours incurables, des instincts exagérés par la maladie.

Antonio Rossi. — *Le duc d'Albe.*

Antonio Rossi est né à Naples, de bonne famille; il a cinquante et un ans; il entra pour la première fois dans l'établissement le 25 mai 1842, et en sortit, sans être guéri, le 15 juin de la même année. Alors, il voyagea beaucoup, mais finit par entrer dans une maison de fous anglaise, et revint à celle d'Aversa le 9 octobre 1862, affecté de pervertissement et d'exagération dans le sens de *l'estime de soi-même*, et d'hallucinations intérieures qui amènent son esprit à éprouver des souffrances cérébrales dans les mêmes organes de la vie physique qui sont en relation avec le cerveau. Les perceptions, les tendances, et quelques sentiments d'Antonio Rossi s'exercent régulièrement. Il croit que c'est la reine d'Angleterre qui, préoccupée de bons sentiments pour lui, l'a recommandé à M. Miraglia, et qui paye sa pension dans l'établissement. Malgré cette exagération de l'estime de soi-même, il est très-docile, très-affable, accepte facilement tout rôle où la puissance et l'orgueil peuvent s'exercer; c'est pourquoi il fut facile de lui faire représenter, dans *le Bourgeois de Gand*, le rôle du duc d'Albe; mais il refusa complétement toute relation avec le souffleur, disant qu'il était un homme d'éducation; qu'il savait ce qu'il avait à dire, et, par conséquent, n'avait pas besoin qu'on lui dictât ses réponses. C'est un bel exemple donné par un fou aux artistes italiens qui ne savent jamais leurs rôles et qui tirent, en général, chaque phrase l'une après l'autre de la bouche du souffleur.

Antonio Rossi parle très-bien l'anglais et le français.

Giuseppe Forcignano. — *Le prince d'Orange.*

Giuseppe Forcignano est de la province de Lecce; il a trente-trois ans et était employé dans un hôpital militaire. Il entra dans l'établissement d'Aversa le 5 janvier 1861. Il est atteint de monomanie vaine et orgueilleuse : les sens de l'*estime de soi* et du besoin d'approbation sont en lui tellement exagérés, que son orgueil et sa vanité atteignent souvent le plus haut degré d'exaltation. Il croit avoir toutes les qualités physiques et morales. Il se croit puissant, beau, savant; il marche la tête renversée en arrière et regarde l'humanité de haut en bas; il méprise tout et s'épanouit à la louange. Au reste, complétement sourd, les perceptions saines n'arrivent qu'avec la plus grande difficulté à prendre le dessus sur les sentiments troublés, qui sont, comme nous l'avons dit, l'estime de soi et la vanité. Dans la tragédie de *Brutus*, il représentait un des fils de Brutus. Plein d'orgueil d'être le fils d'un consul romain, il écouta dédaigneusement tous les reproches que la douleur arrachait à son père, qu'il ne voulut jamais embrasser ; et, quand les licteurs s'approchèrent de lui pour le conduire à la mort, il les écarta d'un geste de mépris en disant : « Il n'est point besoin de licteurs pour mener à la mort le fils de Brutus. » Dans *le Bourgeois de Gand*, où il représentait le prince d'Orange, forcé de fuir au quatrième acte, il se refusa obstinément à se déguiser en paysan, malgré les indications de la mise en scène, en disant :

— Je n'avilirai point la majesté d'un prince d'Orange en la couvrant de grossiers habits.

Vincenzo Luizzi. — *Gidolfe*.

Vincenzo Luizzi, âgé de quarante-sept ans, est de Martina, dans la terre d'Otrante. Il entra à l'hospice le 6 février 1853, affecté de violente *lypémanie ascétique*. La *religiosité* et la *circonspection* sont chez lui dans un état complet de pervertissement et d'exaltation. Il est, en outre, atteint d'hallucinations intérieures qui lui font percevoir d'une étrange manière les sensations externes, ce qui a produit dans son esprit un singulier désordre de la *conscience.* C'est un *possédé* d'une espèce rare. Ii dit que tous les hommes ont un diable dans le cerveau, lequel cherche incessamment à troubler et à subjuguer l'esprit ; l'esprit subjugué, le démon lui succède et devient maître du corps. C'est ainsi que la chose est arrivée en lui. Il n'est plus Vincenzo Luizzi, il est le démon Asmodée. Son corps n'est plus qu'une machine appartenant entièrement à celui qui s'en est emparé et qui parle, agit et opère en son lieu et place ; malgré cette possession, qui rappelle celle du moyen âge, il n'est point inhabile à toute occupation ; il y a plus : il grave au burin, il tourne l'os et l'ivoire, toutes choses qu'il ne savait pas faire lorsqu'il était dans son bon sens ; — ce qu'il donne lui-même comme une preuve qu'il est possédé par un esprit infernal. Deux fois, il y a quelques années, il tenta de se suicider : une fois, en se précipitant du haut en bas d'un escalier, et il se blessa grièvement à la tête ; — une autre fois, en se pendant. Dans une de ses leçons à l'Université, M. Miraglia le conduisit avec lui, et, avec les plus subtils raisonnements, il expliqua son système de transmutation. De temps à autre, le délire chronico-démonomaniaque devient aigu, et alors le pauvre garçon fait pitié. C'est bien véritablement le démon Asmodée qui lutte avec l'esprit de Luizzi; et le corps, champ de bataille où s'opère la lutte, demeure martyrisé par le combat.

Asmodée-Luizzi a fait, dans *Brutus*, le comparse représentant le peuple, et, dans *le Bourgeois de Gand*, a rempli le rôle de Gidolfe, qui, dans l'émeute, a tué d'un coup d'épée le comte de Vargas-Persio. Confier des armes à des fous, et surtout à un démonomaniaque, avait paru d'abord chose téméraire au docteur Miraglia, surtout quand ce démonomaniaque avait tenté deux fois de se tuer. Mais il réfléchit que Luizzi n'était point ce qu'on appelle, en matière de phrénologie, un fou à *double conscience*, mais simplement un fou croyant avoir un diable dans le corps; puis, à son avis, ce diable n'était pas venu pour combattre le corps, mais seulement l'esprit. Il ne tenterait donc rien contre le corps, puisque ce n'était point au corps qu'il en voulait, et, sur ce raisonnement, le docteur Miraglia lui mit hardiment une épée à la main, et n'eut point à s'en repentir.

Luizzi est libre, travaille, sort seul de l'établissement, et ne manque jamais d'y rentrer à l'heure réglementaire.

Sa sœur est morte folle, de folie semblable à la sienne.

Michele Pentrella. — *Le courrier espagnol.*

Michele Pentrella, né à Barletta, a soixante-treize ans. Il fut reçu à l'établissement le 27 mars 1822. Il était atteint de monomanie orgueilleuse; il portait toute sorte de décorations inventées par lui : il était orné de franges et de broderies de papier doré. Avec le temps, sa folie a tourné à l'imbécillité. Dans *Brutus*, il fit le second comparse du peuple, et, dans *le Bourgeois de Gand*, le courrier espagnol (Jeronimo). Il demande toujours : « Jouera-t-on encore la comédie? » ayant remarqué que, les jours où l'on jouait la comédie, on mangeait mieux, on buvait davantage, et qu'on était, en outre, applaudi par le public.

Tels étaient, cher docteur, les artistes qui représentaient *le Bourgeois de Gand*, le soir où, comme je vous le disais, la salle du Fondo était comble dans l'attente de ce curieux spectacle.

Maintenant que vous avez fait connaissance avec nos acteurs, vous allez les voir entrer en scène, puis je vous les montrerai de retour à leur établissement; et, après cet instant d'apparente sagesse, redevenus fous comme auparavant.

Le plus difficile à manier de tous est Persio,

parce que c'est celui qui est le plus complétement fou : aussi M. Miraglia ne le quitta-t-il point, c'est-à-dire qu'il vint dans la même voiture que lui, et le conduisit à l'auberge des *Florentins*, lui faisant donner une chambre à part.

Avant de partir de l'hospice, Persio s'était fait servir à dîner à deux heures de l'après-midi, disant que c'était son habitude de dîner de bonne heure, les jours où il jouait.

Arrivé à l'auberge des *Florentins*, il se mit tout nu et se savonna des pieds à la tête; puis, couvert de savon, il alluma son cigare et se promena par la chambre. M. Miraglia lui fit observer que l'heure s'avançait, et qu'il serait mis à l'amende s'il manquait son entrée. Il reconnut la justesse de l'observation, et s'habilla; puis, sans difficulté, il monta en voiture, arriva au théâtre et entra dans sa loge, où son costume était tout prêt.

Il l'examina pièce à pièce; puis, se ravisant :

— Vous savez que je n'entre pas en scène, dit-il, que je ne sois payé d'avance.

— C'est trop juste, répondit M. Miraglia; combien voulez-vous?

— Je veux soixante et dix napoléons en thalers de Prusse.

On discuta et sur la somme et sur la monnaie dans laquelle elle était exigée; on lui fit comprendre qu'on ne trouverait pas assez de thalers chez tous les changeurs de Naples pour lui payer quatorze cents francs ; d'ailleurs, si on le payait en thalers, ce ne serait plus soixante et dix napoléons qu'il toucherait.

Il parut compendre la justesse du raisonnement et se borna à être payé en napoléons : ses prétentions s'abaissèrent même de soixante et dix à vingt-cinq. On lui compta vingt-cinq napoléons qu'il recompta avec le plus grand soin et qu'il enferma dans son porte-monnaie, lequel il ne perdit pas de vue tout en s'habillant et qu'il mit sur sa poitrine avant de descendre sur le théâtre.

Il est vrai que la première chose qu'il fit le lendemain en montant dans sa cellule, ce fut de jeter son porte-monnaie dans le jardin, à travers les barreaux de sa fenêtre. On put ainsi reprendre les vingt-cinq louis qu'on lui avait donnés. Quant à lui, il ne s'en inquiéta plus, et ne les a pas redemandés, non plus que le porte-monnaie où ils étaient renfermés.

Les autres ne firent point toutes ces difficultés; il est vrai que c'étaient des sujets inférieurs en mérite à Persio ; ils demandèrent seulement, les uns des glaces, les autres des sorbets.

Jusqu'au moment d'entrer en scène, Persio divagua, et M. Miraglia fut obligé de le tenir par le bras; mais, au moment où l'on frappa les trois coups, il se redressa, toussa, arrangea ses cheveux, fit enfin tout ce que fait un comédien sur le point d'entrer en scène, et, quand la toile se leva, il parut reprendre toute sa raison.

Vargas entre, et, en entrant, trouve don Luis endormi dans un fauteuil.

Quelqu'un qui n'eût point été prévenu n'eût certes pas pu se douter qu'il avait devant lui un fou n'ayant de sain dans le cerveau que les organes qu'il exerçait en ce moment, mais eût, au contraire, parié qu'il avait affaire à un comédien exercé. Persio fut excellent dans ce premier acte, et très-bien secondé par le duc d'Albe, qui, en effet, n'eut pas recours une seule fois au souffleur. Disons, en passant, que le souffleur était le fils de M. Miraglia, qui, au risque de devenir fou lui-même, avait fait faire à la troupe douze ou quinze répétitions.

La grande scène du premier acte, entre Vargas et le duc d'Albe, fut très-bien jouée et fort applaudie. Comme des artistes qui en eussent fait leur état, nos fous paraissaient énormément sensibles aux applaudissements, et, chaque fois que ceux-ci se faisaient entendre, saluaient le public avec reconnaissance.

Au commencement du deuxième acte, au moment où Vargas-Persio ouvre la prison du duc d'Orange-Forcignano, celui-ci, qui, nous l'avons dit, est fou d'orgueil et complétement sourd, blessé du ton dont Vargas lui parlait, n'entendant point ses paroles, et ne voyant que l'expression de son visage, jugea sans doute que ce n'était point avec une physionomie pareille qu'on parlait à un stathouder de Hollande, de Zélande et d'Utrecht; il regarda dédaigneusement son interlocuteur, lui tourna le dos et sortit de scène. Persio ne perdit point la tête; il s'avança jusqu'au trou du souffleur, en s'écriant : « Orgueil inflexible, qui ne saura jamais supporter les contradictions! » Puis, tout bas, au souffleur : « Coupez toute la scène, dit-il, je le connais, il ne rentrera pas. » M. Miraglia fils sauta la scène, passa à la scène suivante. Luigi Cagliozzi fit son entrée, et personne ne s'aperçut de l'attaque d'orgueil que venait d'avoir le prince d'Orange.

Mais Persio s'était trompé en disant qu'il ne rentrerait pas. Au moment où la toile allait tomber à la fin du deuxième acte, le prince d'Orange-Forcignano s'élança sur la scène, et, s'emparant du théâtre : « Messieurs et mesdames, dit-il, permettez que je vous dise des vers de ma jeunesse. »

Et il commença un sonnet, qui fut chaudement applaudi. Il salua, se retira à reculons, et la toile tomba, non pas sur la mort de Lowendeghem, mais sur le sonnet de Forcignano.

Persio avait été énormément contrarié de cet incident, qui lui faisait manquer son effet de la fin du deuxième acte ; mais il avait pris la chose plus philosophiquement qu'on ne s'y attendait, et s'était contenté de dire :

— Voilà ce que c'est que de jouer la comédie avec des fous !

A partir du troisième acte, tout alla à merveille. M. Miraglia voyait arriver avec une certaine appréhension le moment où Luizzi-Asmodée devait tuer le comte de Vargas ; mais, comme il l'avait prévu, Asmodée, démon implacable à propos des esprits, était bon diable à l'endroit des corps. Il passa adroitement son épée sous le bras du secrétaire du duc d'Albe, au lieu de la lui passer à travers la poitrine, et le comte de Vargas *tomba mort.*

Ne vous effrayez pas, cher docteur ; vous allez voir ce que nous voulons dire en disant *tomba mort,* et non pas *comme s'il était mort.*

L'affiche portait :

LE BOURGEOIS DE GAND
ou
LE SECRÉTAIRE DU DUC D'ALBE,
Drame en cinq actes, en prose,
par
M. HIPPOLYTE ROMAND,
suivi de
LA MORT DU TASSE
Scène lyrique en un acte.

C'était Persio qui, après avoir joué le rôle principal dans le drame, devait encore jouer le Tasse dans la seconde pièce, qui n'est réellement qu'un monologue.

Mais Persio avait tellement pris son rôle au sérieux, que, se regardant comme tué, et bien tué par Luizzi-Asmodée, il répondit au régisseur, qui venait l'avertir qu'il n'avait plus que cinq minutes pour rentrer en scène :

— Comment voulez-vous que je rentre en scène dans cinq minutes, quand je suis mort depuis dix à peine?

Et, quelque chose qu'on pût lui dire, quelque promesse qu'on pût lui faire, il répondit qu'à Jésus-Christ seul avait été donné le privilége de ressusciter, et encore après trois jours.

Le régisseur vint annoncer, non pas que M. Persio était indisposé, non pas que M. Persio se trouvait mal, non pas que M. Persio, s'étant donné une entorse, ne pouvait jouer le Tasse, mais que, M. Persio *étant mort*, il ne voulait pas donner ce démenti au bon sens de paraître dans un autre rôle; et le public, enchanté de trouver tant de raison dans un fou, se retira applaudissant de toutes ses forces.

J'ai dit la tentative que j'avais faite dès le soir même pour pénétrer sur le théâtre, féliciter les artistes et interroger M. Miraglia, et comment il me fut répondu que M. Miraglia, étant en train de calmer l'exaltation de ses artistes, me recevrait le lendemain, à l'établissement même d'Aversa.

Il faut une heure et demie pour aller de Naples à Aversa. Le lendemain, à dix heures, je montai en voiture, et, avant midi, j'étais chez M. Miraglia.

Il m'attendait, en effet, pour me faire les honneurs de sa maison. Le premier de nos acteurs que nous rencontrâmes fut Luigi Cagliozzi, qui avait joué la veille don Luis, marquis de las Navas. Il se chauffait au soleil, assis dans la première cour ; en nous voyant nous approcher de lui, il se leva. Je voulus l'interroger, lui faire des compliments : il ne se souvenait plus de rien. Il me répondit d'une voix douce et mélancolique des paroles sans suite.

Pendant que nous causions avec lui, le fou qui croit avoir dans le corps le diable Asmodée s'approcha de nous : c'était Vincenzo Luizzi, c'est-à-dire celui qui avait joué la veille le rôle de Gidolfe, qui, pendant l'émeute, tue le comte de Vargas. Je voulus aussi lui faire mes compliments sur la façon dont il avait concouru à l'ensemble de la représentation ; mais il m'interrompit en me disant :

— Monsieur, vous savez que tout homme a un diable dans le cerveau.

Et il m'exposa son système, auquel, contre mon

habitude, ennemi que je suis de tout système, je parus me ranger entièrement.

Mais celui que j'avais hâte de voir, c'était Persio. Je demandai donc Persio.

Par malheur, on l'avait prévenu de mon arrivée; par malheur encore, il me connaissait de nom. Il prétendit que M. Dumas, étant à Paris, ne pouvait être à Naples; que, par conséquent, on voulait se moquer de lui en lui faisant faire des compliments par un faux Dumas.

Sur ce, il se renferma dans sa cellule, et, par le vasistas, on put le voir se déshabiller et se coucher pour ne recevoir personne.

Je voulus me rabattre sur le prince d'Orange; mais, par malheur, lui aussi était prévenu de mon arrivée. Il avait alors demandé ses habits de prince; mais, comme ils étaient restés à Naples et qu'on ne pouvait les lui donner, il avait, comme Persio, absolument refusé de me recevoir dans le costume modeste qu'il portait.

Restait le duc d'Albe, Antonio Rossi; celui-là fut très-poli et très-gracieux : il me parla, comme eût pu faire un vrai vice-roi, de mes ouvrages, qu'il connaissait d'autant mieux que, parlant français, il avait pu les lire dans l'original. La conversation dura dix minutes; elle eût pu se prolonger une demi-heure sans que je m'aperçusse, n'étant pas prévenu, que j'avais affaire à un fou.

Quant au courrier espagnol, c'était une espèce d'idiot dont il n'y avait absolument rien à tirer.

Voilà, cher docteur, la relation que j'ai voulu vous faire. Je la crois curieuse, pour vous surtout qui vous occupez avec tant de succès de cette grande science phrénologique, qui est, j'en ai bien peur, la science de la vie, — mais aussi la science de la mort!

FIN

TABLE

Préface.	1
Jacques Ortis.	15
Les Fous du docteur Miraglia.	201

POISSY. — TYP. ET STÉR. DE A. BOURET.

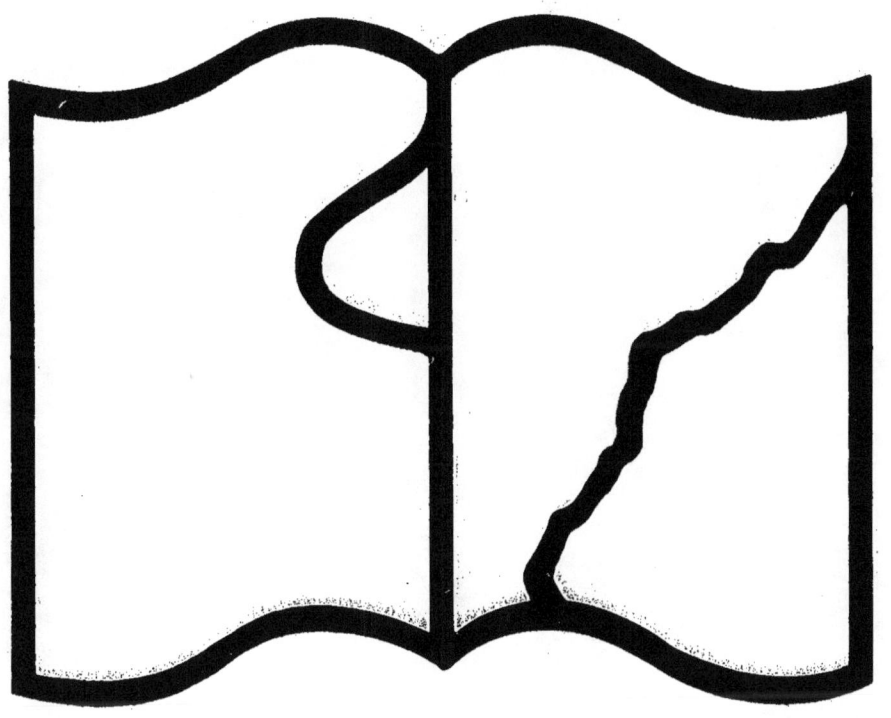

Texte détérioré — reliure défectueuse

NF Z 43-120-11

www.ingramcontent.com/pod-product-compliance
Lightning Source LLC
Chambersburg PA
CBHW071259160426
43196CB00009B/1347